Michael Weber
November 1988

Wolfgang Rasch

Arno Schmidts Zeitungsartikel

Eine Studie über Werden,
Wesen und Wirkung der journalistischen
Brotarbeiten Arno Schmidts
zwischen 1954 und 1971

BANGERT & METZLER
Buchhändler

Frankfurt am Main 1988

CIP-Titelaufnahme der Deutschen Bibliothek

Rasch, Wolfgang:
Arno Schmidts Zeitungsartikel : e. Studie über Werden, Wesen
u. Wirkung d. journalist. Brotarbeiten Arno Schmidts zwischen
1954 u. 1971 / Wolfgang Rasch. - Frankfurt am Main : Bangert
u. Metzler, 1988
  ISBN 3-924147-26-4

ISBN 3-924147-26-4

Vertrieb: ULRIKE BANGERT Versandbuchhandel
          Hamburger Allee 50 · 6000 Frankfurt 90

Aber neugierig war er auch: "Schriftsteller!"
sagte er munter: "so für Zeitungen, was?!".
"Nichts da", entgegnete ich entrüstet (schätze
Journalistenarbeit nicht) [..] .

Arno Schmidt: Brand's Haide. Frankfurt a.M.,
1985, S. 8f. (Reprint der von Arno Schmidt
autorisierten Erstausg. von 1951.)

"Du das wär doch n ganz lustijer=kleiner
ZeitungsArtikl - (n pâMark bringt's immer).- "

Arno Schmidt: Zettels Traum. O.O., o.J., S.871
(Raubdruck; um 1980.)

(Am HerrenTisch auf der Terrasse. [..] Eugen
unterhält - (Var.: 'ergötzt' ? 'begeistert' ?) -
A&O ebm mit der minutiös'n Schilderung eines
Sammelbandes rarster HACKLÄNDER=Zeitungsdrucke,
den er im Traum in einem Antiquariat gefunden...

Arno Schmidt: Abend mit Goldrand. Eine Märchenposse. 55 Bilder aus der Ländlichkeit für Gönner
der Verschreibkunst. Frankfurt a.M., 1981³, S. 132

Inhaltsverzeichnis

1. Einleitung

Die vorliegende Arbeit befaßt sich mit den Zeitungsartikeln Arno Schmidts, die er von 1954 bis 1971 schrieb
und publizierte. Bisher sind Schmidts Zeitungsartikel
relativ unbeachtet geblieben. Bis auf einen kurzen Aufsatz
von Bert Blumenthal, der auf knapp neun Seiten "eine übersicht und analyse von arno schmidts zeitungsartikeln"[1]
gibt, ist bisher keine ausführliche Studie zu diesem Thema
erschienen. Warum eine größere Darstellung von Schmidts
Zeitungsartikeln aussteht, mag in der Hauptsache zwei
Gründe haben: Erstens sind die meisten Zeitungsartikel sehr
schwer erreichbar und können nur mit erheblichem Fleiß- und
Kostenaufwand beschafft werden; zweitens hat Schmidt selbst
seine Zeitungsarbeiten oft abschätzig als "süße Nichtigkeiten"
bezeichnet, die keine besondere Beachtung verdienten und
als "Brotarbeiten" nur "des lieben Geldes wegen" geschrieben
worden seien.
Dieser "Brotarbeitsaspekt" spielt in meiner Darstellung
eine wichtige Rolle. Ich leite Schmidts Zeitungsarbeit aus
seiner sozialen Notlage ab, wie er es selbst getan hat. Erst
wenn die Leinwand dergestalt biographisch grundiert ist, kann
ein angemessenes, halbwegs 'objektives' Bild seiner Zeitungsartikel entstehen. Biographisches soll Schmidts Weg zum
Feuilleton zeigen, die konkreten Bedingungen seiner Zeitungsarbeit erhellen.

_____

(1) Bert Blumenthal: brotarbeiten eines buchfeinschmeckers.
    eine übersicht und analyse von arno schmidts zeitungs-
    artikeln. In: Jörg Drews; Hans-Michael Bock (Hrsg.): Der
    Solipsist in der Heide. Materialien zum Werk Arno Schmidts.
    München, 1974.

Der zweite Teil meiner Arbeit stellt Schmidts Zeitungsartikel im Überblick dar. Hier liegt der Schwerpunkt auf
jenen Beiträgen, die zu seinen Lebzeiten nicht in Sammelbänden aufgenommen und bisher nur in Zeitungen gedruckt
wurden. Ausgespart bleiben auch alle in Zeitungen publizierten Erzählungen und Kurzstellungnahmen Schmidts. Ich
möchte den Leser mit dem Inhalt, der Form, der Entwicklung,
den Stärken und Schwächen von Schmidts Zeitungsartikeln bekannt machen, was angesichts der großen Zahl von Beiträgen
nur in einem bescheidenen Rahmen stattfinden kann.

Da ich nicht auf nennenswerten Ergebnissen der Sekundär-
literatur aufbauen konnte, mußte ich das 'Material' meiner
Arbeit erst in mühevoller Mosaikarbeit zusammentragen. Erstens
waren etwa 300 Zeitungsartikel Schmidts zu sammeln; dabei
konnte ich die Bibliographie von Schmidts Zeitungsartikeln
um 51 Beiträge ergänzen. Zweitens setzte ich mich mit Personen
in Verbindung, die mir über einige biographische Details oder
über Schmidts Arbeit bei Zeitungen Auskünfte geben konnten.
Drittens war eine Reise ins Deutsche Literaturarchiv Marbach
nötig, wo im Nachlaß Ernst Kreuders Schmidts Briefe an Kreuder
aufbewahrt werden; zwei Aufenthalte im Archiv der Arno-Schmidt
-Stiftung Bargfeld, wo ich jeweils für ein paar Stunden die
in drei Ordnern befindliche Korrespondenz Schmidts mit Zeitungen durchsehen konnte, brachten eine reiche Ausbeute an
Briefexzerpten und anderen Materialien zur Zeitungsarbeit.

Für diese mir freundlicherweise gewährte Einsichtnahme
in Archivmaterial und die Erlaubnis, aus bislang unpublizierten
Briefen Arno Schmidts zitieren zu dürfen, danke ich der Arno-
Schmidt-Stiftung Bargfeld, ganz besonders ihrem Sekretär
Herrn Bernd Rauschenbach. Mein Dank gebührt auch den Herren
Jochen Meyer vom Deutschen Literaturarchiv Marbach sowie Rolf
Burmeister von der Staats- und Universitätsbibliothek Hamburg.

Für wertvolle Hinweise, Anregungen, Auskünfte und bereitwilligst zur Verfügung gestellte Materialien danke ich last not least Ernst Krawehl, Hans Bender, Max Bense, Michael Fogel, Walter Gollbach, Peter Härtling, Georg Hensel, Walter Höllerer, Karl-Heinz Hofmann, Klaus T. Hofmann, Max Peter Maass, Erika Michels, Peter Rühmkorf, Heinrich Schirmbeck, Karl Schumann, Hans Schwab-Felisch, Hans Wollschläger, Dieter E. Zimmer. Ohne ihre Mitwirkung wäre ein großer Teil dieser Arbeit nicht zustande gekommen.

1.1 Arno Schmidts schriftstellerische Laufbahn 1946 - 1979

Freiheit: Ein deutscher Schriftsteller am 31. Oktober
1946 ist frei: das Arbeitsamt ist froh, wenn sie
wieder Einen los sind; Finanzamt Soltau ist völlig
machtlos, denn er verdient ja grundsätzlich unter
600 im Jahr: Nur gesund möcht Einer halt sein, und
bedürfnislos: dann ist man frei. (Glücklich ist
allerdings noch was Anderes! [..]) (1)

Es ist eine sehr zeittypische Definition von Freiheit, die
Arno Schmidt in seiner Erzählung "Brand's Haide" gibt. Geld
spielt 1946 noch keine Rolle, man ist froh, gesund aus dem
Krieg zurückgekehrt zu sein. Gesundheit und Bedürfnislosig-
keit sind ihm also die Voraussetzungen zum Beruf des freien
Schriftstellers. Schmidt deutet nur an, daß Lebensglück dadurch noch nicht gewährleistet ist. Denn was diese Freiheit
des Schriftstellers auch enthält, sagt er hier nicht: Es fehlt
jede soziale Absicherung; daraus resultieren Notlagen, die
den Schriftsteller immer wieder an der Ausübung seines Berufs
hindern; ein kräftezehrender, fast selbstmörderischer Fleiß
ist nötig, um Geld zu verdienen und schreiben zu können.

Die schriftstellerische Laufbahn Arno Schmidts begann
am 1.12.1946.[2] Er war - nach Entlassung aus britischer Kriegs-
gefangenschaft - Dolmetscher an der Hilfspolizeischule des
Bezirks Lüneburg geworden. Nach Schließung der Hilfspolizeischule waren Arno und Alice Schmidt, die dort nach Auskunft
Bernd Rauschenbachs ebenfalls gearbeitet hatte, stellungslos.
Erst Ende 1946 muß Schmidt den Entschluß gefaßt haben, als

---

(1) Arno Schmidt: Brand's Haide. 2 Erzählungen. Frankfurt a.M.,
    1985, S. 129 (Reprint der von Arno Schmidt autorisierten
    Erstausg. von 1951.)
(2) Arno Schmidt: Gerüst zu einer Biographie. In: "Wu hi?" Arno
    Schmidt in Görlitz, Lauban, Greiffenberg. Hrsg. von Jan
    Philipp Reemtsma u. Bernd Rauschenbach. Zürich, 1986, S. 12

freier Schriftsteller zu arbeiten. Das mag manchem als
günstiger Zeitpunkt eines Neubeginns, einer Neuorientierung
im Leben erscheinen. Deutschland war von Nationalsozialismus
und Militarismus befreit. Vieles deutete damals auf ein neu-
tralisiertes und entmilitarisiertes Deutschland, auf eine
Demokratie mit sozialistischen Akzenten. Die freie Entfaltung
der Kunst sollte nicht mehr von staatswegen reglementiert
werden. Andererseits war der Schritt von der Person Schmidt
her gesehen außerordentlich gewagt. 32 Jahre alt, als Flücht-
ling nahezu mittellos, hatte er noch keine Zeile veröffentlicht,
hatte keine Beziehungen zu Verlegern oder berufserfahrenen
Schriftstellerkollegen. Er wohnte 1946 weit entfernt von einer
literarischen Metropole oder Verlagsstadt. Ein paar gerettete
Manuskripte von Erzählwerken, die er in seiner Freizeit als
Textilangestellter und im Krieg geschrieben hatte, mochte er
nicht publizieren. Sie entsprachen sicher nach den Kriegs-
und Flüchtlingserlebnissen nicht mehr seinen Ansprüchen. Mit-
gebracht hatte er freilich eine gediegene literaturhistorische
Bildung, Fremdsprachenkenntnisse, ein außerordentliches Sen-
sorium für Sprache und die Lust zum Schreiben. Schriftsteller
im Nebenberuf kam für ihn nicht in Frage, er hat das später,
wie wir noch sehen werden, immer wieder begründet.

Schmidt ließ sich alles in allem auf ein wagemutiges
Abenteuer mit sehr unsicherem Ausgang ein. Er hätte unmittelbar nach dem Krieg zunächst nur für das materielle Wohl sorgen können, um sich später als freier Schriftsteller nieder-
zulassen. Aber wenn er als Schriftsteller noch etwas leisten
wollte, hatte er mit 32 Jahren keine Zeit mehr zu verlieren.
Zur materiellen Not gesellte sich so ein ungeheurer Leistungs-
druck, der Schmidt lebenslang begleiten sollte.

Wovon und wie lebten er und seine Frau in jenen Jahren
nach dem Krieg?

Seit 1946 wohnten sie mit anderen Flüchtlingen auf
engstem Raum und unter ärmlichsten Verhältnissen auf dem
Mühlenhof in Cordingen, einem winzigen Ort im Kreis Falling-
bostel, Niedersachsen. Die notwendigsten Dinge fehlten, wie

sich Alice Schmidt später erinnerte:

> Wie freuten wir uns da über jede geschenkte Konserven-
> büchse die uns als Kochtöpfchen dienen konnte, oder das
> kleine Löffelchen als unser stolzer Besitz, das wir uns
> in Greiffenberg noch eingesteckt hatten. (1)

In "Brand's Haide" wird geschildert, wie der Ich-Erzähler eine
weggeworfene Blechbüchse zur Tasse umfunktioniert: "N bissel
auswässern, wirds ohne weiteres ne Tasse!"[2] "Brand's Haide"
ist für die Cordinger Jahre Schmidts eine Art Schlüsselroman.
Hier findet sich auch häufiger der Hinweis auf seine Schwester
Lucie Kiesler, die aus den USA CARE-Pakete an die Schmidts
schickte. Ihr widmete Arno Schmidt 1949 sein erstes Buch "Leviathan" mit den Worten: "Mrs. Lucie Kiesler, New York, USA, meiner
Schwester, ohne deren nimmer fehlende Hilfe ich längst ver-
hungert wäre."[3]

Es ist weniger rührend als vielmehr deprimierend zu lesen,
wie in "Brand's Haide" so ein heiß begehrtes CARE-Paket vorsichtig geöffnet und ausgepackt wird. Jeder kleine, uns heute
"nichtig" erscheinende Gegenstand wird bedeutend, beginnend
mit der Paketschnur bis zu den als Einwickelpapier benutzten
Zeitungen. [4] Theoretisch kann man nicht lange leben von den
geschickten Lebensmitteln; also wird getauscht: Kaffee, Ziga-
retten, Kakao kann man gegen lebensnotwendigere Dinge eintau-
schen. Ein Pfund Kaffee bringt zum Beispiel drei bis vier
Zentner Kartoffeln. [5] Auch Eßbesteck und Eßgeschirr, ein
Tisch und ein kleiner Spind können so besorgt werden.

In diesen Jahren lebten die Schmidts von 50 bis 60 Mark
im Monat. Etwas Geld hatten sie nach Auskunft von Bernd

---

(1) Alice Schmidt: Aus einem Brief an Rosa Scholz, geb. Junge.
In: "Wu hi?" Arno Schmidt in Görlitz, Lauban, Greiffenberg.
A.a.O., S. 189
(2) Arno Schmidt: Brand's Haide. A.a.O., S. 19
(3) Arno Schmidt: Leviathan. Frankfurt a.M., 1985, S. 7 (Reprint der von Arno Schmidt autorisierten Erstausg. von 1949.)
(4) Arno Schmidt: Brand's Haide. A.a.O., S. 56ff.
(5) Arno Schmidt: Brand's Haide. A.a.O., S. 62

Rauschenbach während ihrer Tätigkeit an der Hilfspolizeischule gespart. Neben den wichtigen Paketen aus den USA
waren es auch Naturalien aus den Wäldern der Umgebung, die
das Überleben notdürftig sicherten. Ließ es die Jahreszeit
zu, so wurden Beeren, Pilze und Eicheln gesucht. Später
schreibt Schmidt an Andersch, er habe mit seiner Frau "jahrelang nur von Pilzen und Eicheln gelebt" und ein ganzes Winter-
halbjahr ausschließlich von Eicheln.[1] In einem der frühesten
Zeitungsartikel über Schmidt liest man:

> Der monatliche Etat für Schmidt und seine Frau betrug in
> den letzten Jahren durchschnittlich 60 Mark (sechzig).
> "Was ein germanischer Magen an Hunger zu leisten vermag",
> sagt er, "haben wir geleistet." Der Gerichtsvollzieher
> war auch schon einige Male da, konnte aber nichts anderes
> pfänden als das Tandem, sein einziges Beförderungsmittel,
> mit dem er und seine Frau bis nach Hamburg zu fahren pfle-
> gen. Als er vor wenigen Wochen beim Bürgermeister war,
> um als Flüchtling Hausratshilfe zu beantragen, damit er
> sich für den Winter einige notwendige Dinge anschaffen
> könne, beispielsweise eine zweite Schlafdecke, sagt der
> ihm: "Ich habe Sie lange beobachtet. Sie könnten doch ehr-
> liche Arbeit anfangen..." Ja, ist denn sein Schreiben keine
> ehrliche Arbeit? (2)

Zu den materiellen Sorgen trat also auch noch die Verständnis-
losigkeit seiner Cordinger Mitmenschen: "Ich galt da als der
Dorftrottel", erzählt er später einmal in Hinblick auf den von
Flüchtlingen überbelegten Mühlenhof.[3]
In dieser bedrückenden Lage mußte es für Schmidt wie ein be-
freiendes Fanal wirken, als 1949 der Rowohlt Verlag, an den
Schmidt einige Manuskripte gesandt hatte, sich zur Publikation
eines Buches bereit fand. Im September 1949, also etwa drei Jahre
nachdem sich Schmidt als freier Schriftsteller "niedergelassen"
hatte, erschien das Buch "Leviathan" in einer kleinen Auflage
von 2000 Exemplaren im Rowohlt Verlag. Doch das Buch wurde ein

---

(1) Arno Schmidt: Der Briefwechsel mit Alfred Andersch. Mit
    einigen Briefen von u. an Gisela Andersch, Hans Magnus
    Enzensberger, Helmut Heißenbüttel u. Alice Schmidt. Hrsg.
    von Bernd Rauschenbach. Zürich, 1985, S. 19 u. S.188.
    Diese Ausgabe wird künftig mit BAN abgekürzt.
(2) A.P.E.: Arno Schmidt. In: Welt am Sonntag, 12.11.1950.
(3) (Anonym:) Mensch nach der Katastrophe. In: Der Spiegel,
    Nr. 6, 6.2.1952,S. 31.

Mißerfolg. Ganze 37 Bestellungen verzeichnete Rowohlt,
nachdem das Buch schon vier Wochen angekündigt war.[1]
    Schmidt erhielt für den "Leviathan" 500 DM; an einer
weiteren Publikation eines seiner Werke hatte der Rowohlt
Verlag kein Interesse mehr. Solch ein Mißerfolg wirkte auf
Schmidt derart enttäuschend, daß er 1950 beschloß, seine junge
Laufbahn als Schriftsteller abzubrechen und sich einem "nor-
malen" Beruf zuzuwenden. Ohnehin reichte das bißchen gesparte
Geld nur noch für wenige Monate. Alice Schmidt -so erzählt
Bernd Rauschenbach- ermunterte ihren Mann damals, wenigstens
noch so lange zu warten, bis das letzte Geld aufgebraucht sei.
Die harte Geduldprobe lohnte sich: Ende 1950 erfuhr Schmidt,
daß er einer der Preisträger der Mainzer Akademie sei! Er bekam
2000 DM, eine für seine damaligen Verhältnisse bedeutende Summe Geld, von der er eine Weile weiter schreiben und leben konnte
    Noch höher ist jedoch die moralische Unterstützung des
Preises zu veranschlagen. Schmidts literarisches Selbstbewußtsein, eben noch auf dem Nullpunkt, wurde gehoben, und er konnte
zu Recht das Gefühl haben, daß man ihn im kulturellen Leben
der Bundesrepublik nicht ganz übersah. Die Preisverleihung
machte ihn in literarisch interessierten Kreisen bekannter;
es entwickelten sich wichtige Kontakte zu anderen Schriftstellern, zu Alfred Döblin etwa oder zu Ernst Kreuder. Und auch
der Rowohlt Verlag besann sich plötzlich eines besseren. Er
wollte nun doch ein weiteres Buch von Schmidt verlegen. Schmidt
konnte also weitermachen, konnte neue Hoffnung schöpfen. Der
Preis der Mainzer Akademie war die wichtigste Preisverleihung
an Schmidt, eine entscheidende Wende in seiner schriftstellerischen Laufbahn, deren abruptes Ende schon nach knapp vier
Jahren gedroht hatte.

---

(1) Ernst Rowohlt: Notruf eines Verlegers. In: Welt am Sonntag,
    27.11.1949.

1950 wurden die Schmidts von Cordingen nach Gau-Bickelheim
in Rheinhessen umgesiedelt, im Dezember 1951 von dort nach
Kastel, einem kleinen entlegenen Ort an der Saar. Ein Reporter
schildert 1952 sehr eindringlich die ärmliche Behausung und
ihre Bewohner:

> Ganz simpel "A. Schmidt" steht säuberlich mit blauer
> Tinte auf einem Pappschildchen geschrieben, das mit Reiß-
> nägeln an eine Wohnungstür des Hauses Nr. 63 im saar-
> nahen Kleindorf Kastel angezweckt ist. So schlicht wie
> der Name Schmidt gibt sich das Innere der Behausung,
> das Wohnküchenschlafzimmer und der Arbeitsraum mit den
> selbstgezimmerten Möbeln. Nichts ist hier sonderlich
> aufregend; ein Flüchtlings-Loch wie zehntausend andere
> auch. [..] Nach zweimaliger Umsiedlung lebt Schmidt jetzt
> mit monatlich sicheren 80 DM ("Ich habe kein Publikum!")
> in Kastel mit seiner Frau "in geistiger Einzelhaft - wie
> jeder vernünftige Mensch". [..] Rowohlt hat ihm kein regel-
> mäßiges Salär ausgesetzt, aber Schmidt liefert laufend
> Übersetzungen "für Väterchens billige Reihe". Obwohl er,
> äußerst sprachbegabt und in vielen Fremdsprachen firm, direkt
> in die Maschine diktiert, braucht er zwei bis drei Monate
> für ein ro-ro-ro-Manuskript, das dann zusätzliche 700 DM
> bringt. Doch hat es bisher kaum für Kleidung gereicht.
> Schmidt trägt zu Hause noch immer Uniform: seine alte Feld-
> bluse mit Schulterklappen und eine wattierte Tarnhose.(1)

Übersetzungen wurden für Schmidt die erste und vorrangigste
Brotarbeit; davon lebte er viele Jahre fast ausschließlich.
Für Rowohlt übersetzte Schmidt in den frühen fünfziger Jahren
vier Erzählwerke; außerdem vermittelte Rowohlt einen Übersetzungsauftrag: Schmidt übertrug einen Teil von R.G.Waldecks Roman
"Venus am Nachthimmel" für einen kleinen Stuttgarter Verlag
ins Deutsche. Nun war Schmidt in zweifacher Hinsicht von Rowohlt
abhängig: Als Autor und Übersetzer. Trotz verschiedener Reibe-
reien mit Rowohlt durfte es Schmidt "nicht zum völligen Bruch
treiben, denn ich muß mir sofort wieder durch Übersetzungen
die Zeit zur eigenen Produktion sichern; und Andere geben mir
garantiert nichts!"[2] Nachdem sich Schmidt und Rowohlt 1954

---

(1) (Anonym:) Mensch nach der Katastrophe. A.a.O., S. 31-32.
(2) Brief Schmidts an Andersch vom 13.11.1953. In: BAN, S. 19

getrennt hatten, dauerte es tatsächlich fast ein Jahr, bis
Schmidt einen neuen Übersetzungsauftrag erhielt. Der Hamburger
Krüger-Verlag war auf ihn durch die Rororo-Übersetzungen auf-
merksam geworden. Schmidt sollte Sloan Wilsons "The Man in
the Gray Flannel Suit" übersetzen. Als der Verlag Kürzungen
im Buch vornehmen lassen wollte, erwiderte Schmidt, Kürzungen
könne er sich nicht leisten, schließlich habe er einen Ruf als
Übersetzer zu verlieren.[1] So erschien das Buch 1956 ohne den
Namen des Übersetzers Arno Schmidt. Und offensichtlich hatte
Schmidt schon ab Mitte der fünfziger Jahre einen Namen als
Übersetzer. Denn von nun an erschien fast jedes Jahr eine Übersetzung von Schmidt, darunter Autoren wie Evan Hunter, Hassoldt
Davis, Stanislaus Joyce, Stanley Ellin, William Faulkner. Kein
Jahr verging, in dem Schmidt nicht einige Monate zu Lasten
eigener Produktivität an Übersetzungsarbeiten verlor.

Schmidt profitierte vom Erfolg seiner Übersetzungen nur
in einem bescheidenen Maße, denn nach einer pauschalen Ent-
lohnung wird der Übersetzer an weiteren Auflagen des Buches
nicht beteiligt.[2] So wurden beispielsweise Schmidt für die
Übersetzung von Hammond Innes' "Der weiße Süden" 750 DM ge-
zahlt.[3] Allein als Rororo-Taschenbuch erreichte der Roman
eine Auflagenhöhe von 143 000 Exemplaren! Daneben erschien
das Buch noch in zahlreichen Lizenzausgaben. Für die Übersetzung von Hans Ruesch "Rennfahrer" erhielt Schmidt 600 DM.[4]
Auflagenhöhe dieses Rororo-Taschenbuchs: 50 000 Exemplare.
Besser bezahlt wurden in den sechziger Jahren die Übersetzung
E.A.Poes und die Übersetzungen umfangreicher Romane Bulwers
und Coopers , für die Schmidt in den siebziger Jahren ein
Autorenhonorar von 10% bekam.[5]

---

(1) Mündliche Auskunft von Bernd Rauschenbach, Arno-Schmidt-
    Stiftung Bargfeld.
(2) So läßt Schmidt in "Zettels Traum" Paul Jacobi einmal
    schimpfen: " [..] weeßd ja selber, was der Fluch des Über-
    setzers iss: 'KEENE PROZENTE !'. Wirst pauschál=abgefundn
    & wenn der Verlak zwééhunderttausnd von dem Buch verkooft ?:
    Dû has'Deine fuffznhundert Mäkkerchn gekriegt; und mußD'e
    Klappe haltn, sonst geht der nächste Ufftrak an de Konkur-
    renz!" Arno Schmidt: Zettels Traum. O.O., o.J. S. 928
(3), (4), (5) Mündliche Auskunft von Bernd Rauschenbach, Arno-
    Schmidt-Stiftung Bargfeld.

Wie bewertete Schmidt selbst seine Übersetzungsarbeiten?

> Für die frühesten geb' ich kein gut Wort. Aber späterhin,
> als ich mir Titel aussuchen; ja, sie schließlich selbst,
> nach Gefallen, vorschlagen konnte, traten die Stücke in
> immer engere Beziehung zu meinen eigenen Büchern. (1)

Das gilt besonders für die wichtigste Übersetzung Schmidts,
für die E.A.Poe Übersetzung, ohne die "Zettels Traum" so wohl
nie geschrieben worden wäre. Das gilt aber auch für die Übersetzungen der Romane von Cooper, Bulwer oder Collins. Allerdings wurden von Schmidt vorgeschlagene Bücher nicht immer
akzeptiert: Als er Anfang der sechziger Jahre dem Suhrkamp-Verlag
vorschlug, für das Gehalt einer Putzfrau innerhalb mehrerer Jahre
"Finnegans Wake" von James Joyce zu übersetzen, wurde dieses
Angebot - wie Ernst Krawehl erzählt - "schnöde abgelehnt".[4]
Obwohl Schmidt aus der Not eine Tugend zu machen versuchte
und Schriftsteller übersetzte, die für sein eigenes Schaffen
bedeutend waren, behielten die Übersetzungen dennoch immer
"Brotarbeitscharakter". Allein an der Cooper-Trilogie übersetzte
Schmidt insgesamt fast zwei Jahre.

> Im März wird der dritte Band der Cooper=Trilogie erschei-
> nen : die 2.000 Seiten, sprich 20 Monate Arbeit, sind mir
> länglich geworden! (Zumal ich mich in amerikanisches Grund-
> stücksRecht, zwischen 1760 und 1840, einzustudieren ver-
> suchen mußte - es giebt keinen Menschen hier, der einem
> helfen könnte; die kennen, wenn's sehr hoch kommt, die re-
> centen §§, aber das ›alte Zeugs‹, mit seinen ständigen
> Wechseln und Provisorien...ich liebe wahrlich abstruse
> Lektüre; aber das war mir doch zu dick!) (2)

Diese Stelle aus einem Brief an Andersch verdeutlicht ein wenig,
welch umfangreiche Nebenstudien Schmidt für seine Übersetzungen
trieb. Für die Poe Übersetzung hat er nach eigenen Angaben sogar
"ein ganzes KonversationsLexikon von 1845 mit 34 Bänden"[3] durch-
gelesen.

---

(1) Arno Schmidt: Dankadresse zum Goethe Preis 1973. In: Der
    Rabe Nr 12. Zürich, 1985, S. 30.
(2) Brief Schmidts an Andersch vom 24.1.1978. In: BAN, S. 237.
(3) Arno Schmidt: Vorläufiges zu Zettels Traum. Frankfurt a.M.,
    1977, S. 3.
(4) Schmidts eigener Ausdruck!

Übersetzungen waren also Schmidts erste Verdienstquelle, neben die erst ab Oktober 1955 eine weitere, finanziell attraktivere trat: Rundfunkessays.

Alfred Andersch war 1955 zum Süddeutschen Rundfunk nach Stuttgart gekommen, wo er als Redakteur "Radio-Essays" sendete und damit zu einem ganz wichtigen Geldgeber für Schriftsteller wurde. Besondere Unterstützung erfuhren hier Wolfgang Koeppen und Arno Schmidt, denen Andersch durch Funkaufträge den Lebensunterhalt und die Möglichkeit zu schreiben gewährleistete. Koeppen hat diesen Umstand später einmal in drei knappe Worte gefaßt: "Andersch ernährte uns."[1] Und auch Schmidt dankt Andersch immer wieder in seinen Briefen für Aufträge, Geld, Anerkennung. "Es ist doch vielmehr so, daß ich zwei Drittel meiner Einnahmen von Dir ziehe [..] ", heißt es in einem Brief Schmidts an Andersch vom 9.6.1958.[2] Allerdings hatte Andersch den ersten Radio-Essay Schmidts -eine Arbeit über Cooper- am 19.7.1955 noch abgelehnt und programmatisch festgestellt:

> Was ich für diese Sendereihe brauche, ist eine literarische Würdigung, eine geistesgeschichtliche Analyse, die aus dem Werk mit Zitaten, mit Zitaten aus der Literatur über Cooper usw. belegt wird, nicht aber sozusagen ein Hörspiel über Coopers Leben. (3)

Wenige Tage später, am 30.7.1955, legte Schmidt bereits einen neuen Funkessay vor -offensichtlich hatte er vorgearbeitet-, diesmal über den vergessenen Barockdichter Barthold Heinrich Brockes. Andersch akzeptierte sofort. Das Honorar für die Sendung betrug 900 DM[4], im Wiederholungsfall bekam Schmidt noch einmal ein Drittel der Summe, also 300 DM[5].

Schmidt machte im folgenden erst einmal Themenvorschläge,

---

(1) Wolfgang Koeppen: Gedanken und Gedenken. In: Arno-Schmidt -Preis 1984 für Wolfgang Koeppen. Bargfeld, 1984, S. 18.
(2) BAN, S. 177. Am 4.2.1956 hatte Schmidt sogar von drei Viertel seiner Einkünfte geschrieben, die Andersch ihm "zuspiele". S. BAN, S. 86.
(3) Brief Anderschs an Schmidt vom 19.7.1955. In: BAN, S.61.
(4) Brief Anderschs an Schmidt vom 10.8.1955. In: BAN, S.66.
(5) Brief Anderschs an Schmidt vom 27.3.1958. In: BAN, S. 167.

um die Möglichkeit auszuschließen, daß eine Arbeit als zu ab-
gelegen-esoterisch abgelehnt würde. Tatsächlich stießen einige
Arbeiten zunächst auf Widerstand und wurden -wie zum Beispiel
der Funkessay über Pape- erst Jahre später gebracht. Eine Funkarbeit wurde sogar aus Gründen der politischen Selbstzensur
nicht produziert, die Arbeit über Johann Karl Wezel. Andersch
schreibt am 10.2.1959 an Schmidt:

> Etwas sehr Unangenehmes: Heißenbüttel schickt mir den
> BELPHEGOR und sagt, er kann ihn nicht bringen. Ich habe
> ihn sofort gelesen: Heißenbüttel kann ihn wirklich nicht
> bringen, insbesondere die ersten 4 Seiten nicht. Bedenke
> bitte den radikalen Regime-Wechsel im Süddeutschen Rund-
> funk! Dort herrscht jetzt ein junger, scharfer, dabei
> taktisch gerissener Rechts-Katholik. Wir würden ihm direkt
> in die Hände spielen, wenn wir dies veröffentlichten. Da
> Du Dir ja über den Charakter unserer "Demokratie" keine
> Illusionen machst, bitte ich Dich um Dein Verständnis dafür,
> daß H. und ich unsererseits taktisch "underground" gehen. (1)

Glücklicherweise konnte Schmidt diese Arbeit über Wezel beim
Hessischen Rundfunk in Frankfurt unterbringen. Nie gesendet
wurde der Funkessay über Leopold Schefer. " [..] schade; wieder
2 Monate gratis gearbeitet", schreibt Schmidt enttäuscht an
Andersch.[2]

Von 1955 bis 1960 produzierte Schmidt 20 ein- bis andert-
halbstündige Funkessays, die ihm in jenen Jahren neben Übersetzungen den Lebensunterhalt garantierten. In den sechziger
Jahren bis 1974 kamen in unregelmäßigen Abständen immer wieder
größere Radioessays. Schmidt konnte zu keiner Zeit auf diese
gut bezahlten Brotarbeiten verzichten. Die Themenvorschläge
sowie die ausgearbeiteten Manuskripte zeigen, daß es ihm bei
seinen literaturhistorischen Essays einmal um die Lesbarmachung
gänzlich vergessener Autoren ging -Wezel, Oppermann, Schefer
mögen dafür beispielhaft genannt werden-, zum anderen um die

---

(1) In: BAN, S. 203.
(2) Brief Schmidts an Andersch vom 16.8.1960. In: BAN, S.214.

Wiederbelebung vergessener Werke durchaus bekannter Autoren:
Klopstocks "Gelehrtenrepublik" beispielsweise oder das späte
Novellenwerk Tiecks. Damit zielte Schmidt auf eine literaturhistorische Aufwertung sogenannter Meister zweiten Ranges und
auf eine Neubewertung anerkannter Autoren. Er vermittelte mit
dieser Art "Gegenliteraturgeschichte" zahlreiche Anregungen,
entfachte aber auch ebenso viele Polemiken. Die Angriffe gegen
ihn reichten von "Kuriositätenjäger" bis hin zu dem Vorwurf,
als linker Provokateur an den geheiligsten Gütern der deutschen
Literatur zu zerren.

Neben den großen Funkessays sprach Schmidt auch eigene
Erzählungen für den Funk und konnte zahlreiche kleinere Arbeiten
bei verschiedenen Sendeanstalten unterbringen.

Es gibt keine genauen Zahlen darüber, wieviel Prozent
des Lebensunterhaltes Schmidt in den einzelnen Jahren mit
seinen Brotarbeiten bestritt. 1961 erklärte er, nur 10% seiner
Einnahmen ergäben sich aus den Honoraren seiner Bücher; 90%
seiner Einkünfte stammten also aus Brotarbeiten. Davon würden
40% durch Übersetzungen, 40% durch Funkarbeiten und 20% durch
Zeitungsartikel erworben.[1] Innerhalb dieser drei Brotarbeits-
gruppen mag es in den Jahren vor und nach 1961 immer wieder
prozentuale Verschiebungen gegeben haben. Aber an der Tatsache,
daß den Brotarbeiten ein Maximum an Einkommen und den Honoraren
ein Minimum an monetärem Verdienst zukommt, daran hat sich
bis Ende der sechziger Jahre nichts geändert.

Kehren wir nach diesem kleinen Exkurs über Brotarbeiten
zum Jahr 1953 zurück. Es erschien der erste nicht bei Rowohlt
verlegte Band Schmidts "Die Umsiedler" in der von Alfred Andersch
herausgegebenen Reihe Studio Frankfurt. Der Rowohlt Verlag hatte
an der Publizierung der "Umsiedler" kein Interesse gezeigt.

---

(1) Arno Schmidt: Antwort auf Fragen der "Zeit". In: Der Rabe
    Nr 5. Zürich, 1984, S. 213. In einem Gespräch mit Rainer
    Hagen, gesendet am 18.1.1964 im NDR 2, gab Schmidt an, 50%
    seiner Einnahmen aus Übersetzungsarbeiten zu ziehen. Der
    prozentuale Anteil der Übersetzungen nimmt in den sechziger
    Jahren zu, Zeitungsartikel spielen später fast gar keine
    Rolle mehr als Brotarbeit.

Als Honorar erhielt Schmidt 1500 DM; für die bei Rowohlt erschienenen Bücher "Leviathan" und "Brand's Haide" hatte er nur
jeweils 500 DM bekommen.
Im August 1953 erschien auch der letzte im Rowohlt Verlag
publizierte Band "Aus dem Leben eines Fauns". Ein geplantes
Buch mit der Erzählung "Seelandschaft mit Pocahontas" kam nicht
mehr zustande, da der Rowohlt Verlag das Erscheinen des Buches
immer wieder hinauszögerte. Diese Verzögerungstaktik wollte dem
schon entnervten Schmidt 1954 nicht ganz einleuchten; ihm mußte
als 'Anfänger' an rascher Publikation und herzustellender Publi-
zität gelegen sein. Doch in dieser Beziehung fühlte sich Schmidt
zu Recht vom Rowohlt Verlag schlecht behandelt. Denn: Etliche
Erzählwerke Schmidts wurden vom Rowohlt Verlag zuerst abgelehnt.
"Brand's Haide" wurde erst genommen, als Rowohlt von der Preisverleihung der Mainzer Akademie an Schmidt erfuhr. Andere Werke
wie "Die Umsiedler" oder "Kosmas" wurden vom Rowohlt Verlag
ganz abgelehnt.[1] Schmidt konnte sich unmöglich in einem Verlag
wohlfühlen, der ihn nicht konsequent publizierte und unterstützte,
von dem er sich zu wenig repräsentiert glaubte. Schwierigkeiten
ganz persönlicher Art kamen hinzu. In einem Briefentwurf heißt
es:

> Rowohlt (senior) war im (damals) vergangenen Sommer 4 Stunden
> in Kastel gewesen, einem Ort von 450 Einwohnern, in dem zu-
> fällig auch sein Autor mit Frau wohnt : und er hatte es
> nicht für nötig befunden, auch nur shake-hands zu machen!
> Sogar mein Buchhändler im benachbarten Saarburg war besucht
> worden, und erzählte mir spöttisch davon! (2)

Besonders grell wird das Verhältnis Schmidt-Rowohlt durch folgende Erzählung Max Benses illustriert. Schmidt war von Rowohlt
zu einer Autorenkonferenz nach Hamburg geladen worden.

---

(1) Siehe dazu den Briefentwurf Schmidts an Andersch. In: BAN,
    S. 45f.
(2) Undatierter Briefentwurf Schmidts an Andersch. In: BAN, S. 47.

Aber er, Schmidt, habe dann Rowohlt eine Karte
zurückgeschrieben: "Ja, lieber Herr Rowohlt, ich kann
leider nicht kommen, so viel Geld habe ich nicht, aber
ich mache Ihnen den Vorschlag, daß die Spesen, die auf
mich entfallen würden, wenn ich käme, mir von Ihnen über-
sandt werden dafür, daß ich nicht komme, denn dann können
meine Frau und ich wieder etwas aufleben." - Aber Rowohlt
schrieb zurück, das ginge natürlich nicht, aber er ver-
stehe gar nicht, daß Schmidt hungern müsse, denn er, Rowohlt wisse doch, daß die Wälder bei Saarburg voller
Pilze wären, die man sammeln und dann braten könne. Da
schrieb Schmidt nur eine Zeile zurück: "Ja, aber ohne
Fett." (1)

Im Sommer 1954 war Schmidt ohne einen Hausverlag. Die Suche

nach einem neuen Verlag wurde in den folgenden Jahren für ihn

und Alfred Andersch, der Schmidt unbeirrt und energisch bei

der Verlegersuche half, zur Tortur. Alle großen Verlage lehnten

Schmidt ab, darunter Desch, Suhrkamp, Kiepenheuer & Witsch,

S.Fischer, Claassen, Luchterhand, der Arche-Verlag. Keiner

wollte Schmidt haben. Man kann nur darüber spekulieren, ob es

in einzelnen Fällen die politischen, erotischen, antireligiösen

Momente der Schmidtschen Prosa waren, die den Verlegern miß-

fielen. Ob es der "experimentelle Stil" seiner Prosa war, der

im restaurativen Wirtschaftswunderland als Störung empfunden

wurde. "Keine Experimente" hatte der Adenauer-Staat auf seine

Fahne geschrieben, und dieses Motto mochte auch für den kul-

turellen Bereich der Republik gelten. Im günstigsten Fall war

für die Verleger der kaufmännische Aspekt ausschlaggebend:

Schmidts Bücher verkauften sich erfahrungsgemäß sehr schlecht.

Mangelnde Entfaltungsmöglichkeiten und der politische Kurs der

BRD bewogen Schmidt mehrfach, Auswanderungspläne zu schmieden.

Besonders die wieder so schnell erfolgte Aufrüstung und der

Kalte Krieg mußten Schmidt Angst machen. Er empfand seine Gegen-

wart als eine Zeit zwischen den Kriegen. Schon 1953 hatte er

Andersch vorgeschlagen, eine Dichterkolonie in Kanada zu gründen.

---

(1) Brigitte Hackh: Gespräch mit Max Bense und Elisabeth Walther.
    In: Bargfelder Bote, Lfg. 89-90, April 1985. S. 4.

Später hatte er sehr ernsthafte Absichten, nach Irland auszu-
wandern. Doch das Vorhaben scheiterte an den zu geringen finanziellen Einkünften Schmidts.

1955 lagen Schmidts umfangreiche Fouqué-Biographie und
der Roman "Das steinerne Herz" im Manuskript vor. Schon im
Februar 1955 hatte Schmidt einen Teil des Romans Hans Henny
Jahnn für die geplante "Neue Reihe" der Mainzer Akademie angeboten. Wie wenig Selbstvertrauen mußte der von ständigen Ablehnungen geplagte Schmidt haben, wenn er sich in einem Brief
an Jahnn noch dafür entschuldigt, überhaupt Honorar zu fordern:

> Verzeihen Sie mir ! - ich bin so arm (ich lebe mit meiner
> Frau seit Jahren von 60-100 Mark im Monat), dass ich mir
> einfach nicht erlauben kann, eine meiner so selten er-
> scheinenden Arbeiten ohne Honorar zu geben. (1)

Eine Publikation kam allerdings nicht zustande. Chronischer
Geldmangel bewog Schmidt im Sommer 1955 schließlich, seine
Fouqué-Handschriften an das Literaturarchiv Marbach zu verkaufen; "nun bin ich auch das letzte los, was ich an Litera-
rischem überhaupt aus Schlesien gerettet hatte", schreibt er
an Kreuder. [2]

War es bisher für Schmidt schon schwer genug gewesen, einen
Verleger für seine Bücher zu finden, so verschlechterte sich
seine Lage dramatisch, als er im Frühjahr 1955 wegen der Erzählung "Seelandschaft mit Pocahontas", die in Andersch's Zeitschrift "Texte und Zeichen" erschienen war, angezeigt wurde.
Die Anzeige wurde erstattet wegen Vergehens gegen die §§ 166
StGB (Gotteslästerung) und 184 StGB (Verbreitung unzüchtiger
Schriften), zweier klassischer Anklagepunkte, um ein politisch
mißliebiges Kunstwerk zu denunzieren. [3] Da diese Anzeige aus

---

(1) Aus einem unpublizierten Brief Schmidts an Hans Henny Jahnn
    vom 18.02.1955. Besitzer: Staats- und Universitätsbibliothek
    Hamburg.
(2) Aus einem unpublizierten Brief Schmidts an Kreuder vom 04.09.
    1955. Besitzer: Deutsches Literaturarchiv Marbach.
(3) Zum Prozeßverlauf s. BAN, S. 54f. Erst nach langer Odyssee
    -die Akten wanderten von Berlin nach Stuttgart- wurde das
    Verfahren gegen Schmidt am 26.07.1956 eingestellt.

konservativ-christlichen Kreisen kam, die auch politisch die
Macht in Händen hielten, hatte es Schmidt nicht mit ein paar
rechten Spinnern zu tun, sondern mit ernstzunehmenden Gegnern.
Unter dem Existenzminimum lebend, ohne Hoffnung auf einen Verlag, der sich seiner Bücher annehmen würde, eine drohende Geld-
und Gefängnisstrafe vor sich: Im Sommer 1955 war Schmidt auf
einem erneuten Tiefpunkt seiner "Karriere" angelangt. An
Kreuder schreibt er über die Anzeige:

> [...] wie förderlich dergleichen für dichterische Arbeit
> ist, können Sie sich vielleicht vorstellen. Wie inner-
> lich aufrichtend auch. Wie zerstörend für mein bisschen
> bürgerliche Existenz, daraus: dass bereits ein Verleger,
> der sich für meinen Roman, "Das steinerne Herz" interes-
> sierte, nachdenklich Abstand nahm, als er von der Sache
> erfuhr.
> Auch unsere Existenz hier im Ort, so nah beim heiligen
> ungenähten Rock von Triere, wird langsam problematisch.
> Schon hat man mich teilnahmsvoll gefragt, was ich denn
> neulich so lange beim Amtsgericht gemacht hätte; und der
> einzige Krämer des Ortes hat bereits öffentlich in meiner
> Gegenwart angedeutet, dass Subjekte im Dorf sich befänden,
> von denen der HERR einst beim Jüngsten Gericht nur sagen
> könnte: "Ich kenne den Menschen nicht!".
> [...]
> (Wenn ich nur meine Frau in Sicherheit hätte !).
> [...]
> Möge Ihnen das Leben so günstig sein, wie die Muse : das
> schrieb einst Jean Paul an Fouqué; aber es ist natürlich
> Mist ! Noch habe ich 8 Pläne daliegen, von denen ich jeder-
> zeit einen anfangen könnte, oh Schweiß und Übelkeit, -
> aber unter den jetzigen Umständen sitze ich natürlich mit
> blökenden Augen da, und gaffenden Händen. (1)

Doch Schmidt blieb nicht untätig. Als erste Reaktion auf die
Anzeige erfolgte der Umzug Schmidts von Kastel nach Darmstadt
am 24.09.1955. Schmidt fürchtete, daß sich der für ihn zuständige,
stark von der Kirche beeinflußte Gerichtsbezirk Trier ungünstig
auf seinen Prozeß auswirken könne. Allerdings hatte er sich

---

(1) Aus einem unpublizierten Brief Schmidts an Ernst Kreuder
    vom 04.09.1955. Besitzer: Deutsches Literaturarchiv Marbach.

-einer Anregung Ernst Kreuders folgend- schon länger mit dem
Gedanken vertraut gemacht, nach Darmstadt zu ziehen.[1] Darmstadt war für Schmidt mit Sicherheit nicht als End- sondern
nur als Zwischenstation gedacht. Ihn zog es zurück in den Nor-
den; so hat er sich skurrilerweise 1957 um eine Küsterwohnung
in der Nähe von Lilienthal bei Bremen beworben; dort sollte
sein nächster Roman spielen, der in jenen Jahren wegen ständig
anfallender Brotarbeiten nie zustande kam.

Auch in Darmstadt lagen weiterhin die Fouqué-Biographie
und "Das steinerne Herz" in der Schublade. Schmidt rechnete
nicht mehr mit einer Veröffentlichung des Romans. Resigniert
schreibt er am 20.11.1955 an Werner Steinberg:

> Mein Roman, "Das steinerne Herz" wird wohl nicht mehr
> erscheinen; alle Verleger sind der Pocahontas=Affaire
> wegen überängstlich geworden. Im Augenblick liefere
> ich dem nie genug zu rühmenden Alfred Andersch Nacht-
> programme für sein stuttgarter Studio, und übersetze -
> das Leben wird auch so vergehen. (2)

Alfred Andersch hatte allerdings inzwischen Kontakt zu Ernst
Krawehl vom Stahlberg Verlag aufgenommen, den er für Schmidts
Buch zu gewinnen suchte. Schmidt jedoch -noch unter dem Schock
der Anzeige stehend- entschied, das Manuskript nicht an den
Stahlberg Verlag weiterzuleiten, da er nicht mehr an die Möglichkeit einer Publikation des politisch so brisanten Buches
glaubte.

> Ich bin nun endgültig belehrt, daß "mein deutsches Volk"
> wieder einmal nicht eher zufrieden ist, als bis es die
> altgewohnte Knute auf dem Hintern spürt; und zum "Getreuen
> Eckart" fehlt mir die finanzielle Grundlage, zumal die
> Altmeister-Villa in einer gesicherten Schweiz. Das "Stei-
> nerne Herz" wird also nie erscheinen! Ich werde das MS
> zu anderen Fehlgeburten in den Koffer legen; und, glauben

---

(1) Schon am 25.04.1955 hatte Schmidt brieflich bei Kreuder
    angefragt, ob Aussicht bestehe, für 30-50 DM monatlich
    eine kleine Wohnung in Darmstadt zu bekommen. Der Prozeß
    beschleunigte also nur schon vorhandene Umzugspläne.
(2) Arno Schmidt: Briefe an Werner Steinberg. Mit einer
    einleitenden Rezension u. einem Nachw. von Werner
    Steinberg. Zürich, 1985, S. 21. Diese Ausgabe wird künftig
    mit BST abgekürzt.

Sie mir : ohne Bedauern ! Ich habe mich die 9 Jahre meiner
öffentlichen Dichterlaufbahn buchstäblich zuschanden gearbeitet. Nach jedem, mit wahnwitziger Konzentration ge-
bastelten Büchelchen, zitterte ich am ganzen Leib wie
Espenlaub - und das Gewerbe warf nicht einmal das Aspirin
dafür ab. (1)

Dennoch setzte sich im August 1955 Ernst Krawehl mit Schmidt
in Verbindung. Der Roman sollte in einer purgierten Fassung
erscheinen, gekürzt um "sexuell anstößige" Stellen und um
politisch zu brisante Bemerkungen. Diese Selbstzensur schien
Krawehl und offensichtlich auch Schmidt nötig zu sein, um sich
nicht einen weiteren Prozeß einzuhandeln. Nach monatelangem
Tauziehen zwischen Autor und Verleger um einzelne Stellen des
Romans erschien das Buch dann im Oktober 1956. Zweierlei war
erreicht: Endlich war wieder ein neuer Band Arno Schmidts auf
dem Buchmarkt präsent, auf den sich Leser und Kritiker stürzen
konnten. Zweitens befand sich Schmidt nun in "festen Händen";
er hatte einen Verlag gefunden, der ihn auch weiterhin zu publizieren gedachte.

---

(1) Brief Schmidts an Andersch vom 19.07.1955. In: BAN, S. 63.
    Schmidt zitiert hier im übrigen Scheffel: "'Ich habe mich
    an meinem Roman auf den Hund gearbeitet - daß ich manchmal
    zusammenschaure und zittere wie ein Espenlaub im Wind',
    schreibt Scheffel vom 'Ekkehard'." Zitat aus: Arno Schmidt:
    Nebenberuf: Dichter? In: Welt der Arbeit, 13.05.1955.

Von 1956 bis 1970 erschien nun fast jedes Jahr ein Arno-Schmidt
-Band im Stahlberg Verlag, vom "Steinernen Herz" bis zum opus
magnum "Zettels Traum". Als der Stahlberg Verlag vom Holtzbrinck
Konzern übernommen und 1971 dem S.Fischer Verlag eingegliedert
wurde, erschienen Schmidts Bücher in einem Verlag, der ihn in
den fünfziger Jahren noch abgelehnt hatte. Ernst Krawehl blieb
bis zu Schmidts Tod dessen verlegerischer Betreuer. Unermüdlich
setzte er sich für das Werk Schmidts ein, warb einen festen
Leserstamm und schuf eine verlegerische Kontinuität, die den
notwendigen Rahmen für die weitere schriftstellerische Entwicklung Schmidts abgab.

Bemerkenswert bleibt, daß es ein kleiner Verlag war, der
sich Schmidts Büchern annahm. Rein ökonomisch gesehen war zunächst
an seinen Erzählwerken nicht viel zu verdienen. "Der Spiegel"
stellte im Jahr 1959 zur Verkaufsbilanz Schmidtscher Bücher fest:

> Trotz der verhältnismäßig kleinen Druckauflage, die sie
> [die Verleger. W.R.] von seinen Büchern veranstalteten [..]
> stapelt sich das Oeuvre Schmidts noch heute in ihren Regalen.
> Die Höchstzahl von 1700 verbreiteten Exemplaren -also ver-
> kauften Büchern zuzüglich der nicht geringen Zahl von Frei-
> stücken für Rezensenten- erreichte beim Rowohlt Verlag
> Schmidts Erstling "Leviathan". Der Karlsruher Stahlberg
> Verlag [..] meldet als erfolgreichstes Schmidt-Buch "Das
> steinerne Herz" [..] , von dem etwa 1300 Stück abgesetzt
> werden konnten. (1)

Krawehl, überzeugt vom hohen literarischen Rang Schmidts,
benutzte einen kleinen kaufmännischen "Trick", um die Bücher
Schmidts trotz schlechten Verkaufs weiterhin zu verlegen:

> Ein Autor wie Arno Schmidt konnte durchgehalten werden,
> weil der Verlag auch über Malaparte ("Die Haut") und
> Chevallier ("Clochemerle") verfügte, um die spektakel-
> haftesten Fälle zu nennen. Freilich gehört   dazu der
> vorausgesetzte Wille, die Erlöse aus den einen Autoren
> zur Finanzierung der anderen einzusetzen. (2)

---

(1) (Anonym:) Arno Schmidt. In: Der Spiegel Nr. 20, 13.5.1959, S.47.
(2) Briefliche Mitteilung Ernst Krawehls an mich vom 26.2.1986.
    Merkwürdig daß kein Großverlag diesen Willen hat aufbringen
    können!

Die Auflage der Bücher Schmidts beim Stahlberg Verlag war klein,
sie lag zwischen 2000 und 4800 Exemplaren. Der Verkauf ging
sehr schleppend vor sich. Ernst Krawehl schätzt, daß es fünf
bis acht Jahre dauerte, ehe eine Auflage restlos ausverkauft
war.[1] Daß die Bücher Schmidts so lange lieferbar blieben,
hatte aber noch einen anderen Grund: Die Bücher durften nicht
verramscht werden. Ernst Krawehl erinnert sich:

> [...] ich habe vom ersten Tage in die Verträge mit Schmidt
> einen Passus gebracht, wonach nicht 'verramscht' werden
> durfte, in den ersten Jahren überhaupt nicht, nach 8 oder
> 10   Jahren, wenn der Autor es wollte -- um dem Schmidt-
> werk ab ovo das Odium zu ersparen, daß auf dem Buchmarkt
> Ramschexemplare herum vagabundierten. (2)

Noch ein Aspekt soll hier berücksichtigt werden: Von den 12
im Stahlberg Verlag erschienenen Büchern Schmidts wurden fünf
"erstverwertet", also unmittelbar für den Büchermarkt geschrieben.
Die restlichen Bände setzen sich aus Arbeiten zusammen, die
Schmidt schon einmal in Zeitungen oder im Rundfunk hatte unterbringen können. Schmidt verwertete so zahlreiche Brotarbeiten
oder sogenannte Brotarbeiten nochmals. "Redewendung des Autors
"schön, am Ende machen wir noch'n Buch daraus"."[3] Dabei ver-
blieben die Senderechte der Radioessays nach schwerem Kampf
bei Schmidt, als die Essays gedruckt bei Stahlberg vorlagen.
Diese wichtige Einnahmequelle hatte Schmidt allerdings nach
wie vor bitter nötig. Denn daß er seit 1956 vom Stahlberg
Verlag publiziert wurde, enthob ihn keineswegs der materiellen
Sorgen. Auch die Fouqué-Biographie, die er 1958 glücklich
an den Bläschke Verlag gebracht hatte, konnte Schmidts Einkommen nicht wesentlich steigern: Bläschke stellte eine Taschen-
buchausgabe von 1000 Stück her.[4]

---

(1) Briefliche Mitteilung Ernst Krawehls an mich vom 26.2.1986.
    Krawehl fügt noch hinzu:"Doch von der 2. Auflage des
    Steinernen Herzens von 1964 hatte ich noch 2 Jahre nach
    Arno Schmidts Tode auf der Buchmesse unverkaufte Exemplare."
(2) Briefliche Mitteilung Ernst Krawehls an mich vom 26.2.1986.
(3) Briefliche Mitteilung Ernst Krawehls an mich vom 15.2.1986.
(4) 1960 druckte Bläschke 3000 Exemplare der 2., vermehrten
    und verbesserten Auflage. Restposten davon wurden Anfang
    der siebziger Jahre vom Verlag 2001 verkauft!

Es hat in den fünfziger Jahren nicht an Versuchen gefehlt, Schmidt materiell abzusichern. Max Bense und Elisabeth
Walther planten 1955, Schmidt als Dozent für sprachliche Gestaltung in der Informationsabteilung der Ulmer Hochschule
für Gestaltung zu berufen. Nach einem Gespräch mit dem Rektor
der Hochschule verzichtete Schmidt darauf. "Max Bill, der
damalige Rektor in Ulm konnte sich in keiner Weise mit A.S.
verständigen - wie gesagt: zwei Dickschädel!"[1] Vermutlich
war Schmidt an der Arbeit in Ulm gar nicht so sehr interessiert,
denn den "Dichter im Nebenberuf" lehnte er ab. Schmidt blieb
im ungeliebten Darmstadt, wo er sich von Anfang an nicht wohl-
fühlte. "Hier in Darmstadt herrscht die widerlichste Cliquen-
wirtschaft", schreibt er schon am 31.1.1956 an Steinberg.[2]
Er fühlte sich belästigt von den Darmstädtern, die ihn in das
Kulturleben der Stadt zu integrieren suchten. "Ausserdem - so
erzählte er [Arno Schmidt! W.R.] mir - hasste er die Darmstädter
Gegend, weil sie eine Kompromißlandschaft sei, zwischen (Oden-
wald-)Bergen und Ebene, zwischen Wäldern und Wiesen; er liebe
nur die kompromißlose Heide."[3] Nur in Norddeutschland hoffte
Schmidt das "-allen Dichtern bekannte- Bedürfnis nach ländlicher Stille und Einsamkeit"[4] befriedigen und endlich unge-
stört arbeiten zu können. 1958 bot sich durch die Vermittlung
seines Freundes Eberhard Schlotter der Kauf eines kleinen
Hauses in Bargfeld 20 Kilometer nordöstlich von Celle an.
Schmidt erwägt die Vor- und Nachteile des Hauskaufes aus
seiner beruflichen Situation:

> Was mich anbelangt : mit Darmstadt verglichen ist die
> Stille unschätzbar; die Landschaft, wenn auch nicht
> ideal, so doch, vom beruflichen Standpunkt aus betrachtet,
> in jeder Beziehung brauchbar; das Klima mir günstig.

(1) Briefliche Mitteilung Max Benses an mich vom 18.3.1984.
(2) In: BST, S. 25.
(3) Briefliche Mitteilung Georg Hensels an mich vom 1.9.1984.
(4) Arno Schmidt: Fouqué und einige seiner Zeitgenossen. Bio-
     graphischer Versuch. Frankfurt a.M., 1975, S.84f.

Der Wohnraum besser als in D.; die Aussicht vom Schreib-
tisch=Fenster leidlich, ins Weite=Grüne.- Nachteile sind:
keine nahe Großbibliothek; Bad & Klo fehlen; die ›Haus-
arbeit‹ nähme für mich zu; und gleichzeitig müßte ich noch
mehr literarisch arbeiten - zumindest für die nächsten
3-5 Jahre ! - Dennoch : ich würde, falls ich das Geld zu-
sammenbekäme, für Bargfeld stimmen. (1)

Auch Alice Schmidt plädiert für den Kauf des Hauses, denn:

> Für evtl. Notzeiten (allgemeine; oder auch für uns per-
> sönlich) wäre die Rasenfläche z. Anbau v. Kartoffeln u.
> Gemüse wichtig, Obstbäume u. Beerensträucher sind sowieso
> einige vorhanden. Pilze gibts in den Wäldern u. Feuerungs-
> reisig auch. (2)

Die finanzielle Hürde - 16.700 DM kostete das Haus, Umzugs-
und Renovierungskosten kamen hinzu - konnte Schmidt mit Hilfe
von Wilhelm und Erika Michels nehmen, die ihn bisweilen schon
mit Lebensmittelsendungen unterstützt hatten. 1955 hatten sie
ihn persönlich kennengelernt. Erika Michels erinnert sich:

> Als wir ihn kennen lernten, lebte er sehr kontaktscheu,
> abweisend, unter dem Existenzminimum, Gegenwart und Zukunft
> völlig ungesichert, von "Brotarbeiten" [..] . Regelmäßige
> Lebensmittelsendungen waren da schon eine Hilfe, woraus
> sich allmählich in fester Kontakt und dann eine rege
> Freundschaft entwickelte. Daß diese später wieder in die
> Brüche ging, liegt daran, daß die auf seinen Vorschlag
> hin erfolgte Übersiedlung von uns nach Bargfeld ihn auf
> die Dauer doch zu viel Zeit kostete, da er gänzlich von
> seiner Arbeit besessen war, so daß er jede Minute darauf
> zu verwenden suchte. Eigene Werke schrieb er nachts, tags
> schrieb er "Brotarbeiten", die Übersetzungen, regelmäßig
> kurze Spaziergänge, kaum Zeit zum Essen. Ein völlig
> puritanisches Leben. Auch als er finanziell besser dran
> war, gab er alles für ihn wichtige Bücher aus, nachdem
> er das Darlehen in kürzester Zeit zurückgezahlt hatte
> und lebte weiter spartanisch. (3)

Die 11.500 DM, die Michels Schmidt liehen, wollte Schmidt auch
deshalb schnellstens zurückzahlen, um möglichst bald wieder un-

---

(1) Arno Schmidt: Aus der ›Akte Bargfeld‹ . In: Der Rabe Nr 12.
    Zürich, 1985, S. 81.
(2) Alice Schmidt: Aus der ›Akte Bargfeld‹ . A.a.O., S. 82.
(3) Briefliche Mitteilung Erika Michels an mich vom 14.7.1984.

abhängig sein. Im November 1958 zog er mit seiner Frau nach
Bargfeld.

Schmidt mußte nun seine Einnahmen noch mehr steigern, das
heißt besonders seine Brotarbeiten enorm fördern. In einem
Brief an Andersch hat er die Arbeitsleistung des Jahres 1959
zusammengefaßt, eine tatsächlich gigantische Leistung:

> Ergebnisse des Jahres 59 bei mir : 25 >Süße Nichtigkeiten<
> (also >Kurzgeschichten<, >Kritiken, Glossen, Essays<, und
> dgl.); 7 >Nachtprogramme<; 2 Bände übersetzt [..] ; für
> die 2. Auflage des FOUQUE - 150 Seiten mehr!- sowie >ROSEN
> & PORREE< Korrektur gelesen [..] ; und endlich noch 1 um-
> fangreiches eigenes=neues Buch geschrieben, rund 400 Normal-
> seiten [..] . (1)

Doch dieses Arbeitspensum konnte nicht ohne Auswirkung auf die
Gesundheit bleiben. Alice Schmidt schreibt zwei Tage später
besorgt an Andersch:

> Der Gesundheitszustand meines Mannes hat sich - trotz Heide -
> doch auch recht verschlechtert. [..] Schlagen Sie nicht die
> die Hände zusammen über seine Arbeitsleistung des vergangenen
> Jahres? Was'n Sonntag ist, weiß ich schon gar nicht mehr. (2)

Alfred Andersch kommentiert diesen Umstand mit dem Satz: "Meine
persönliche Auffassung ist die, daß Schriftstellerei - ohne
alle Ironie - ein lebensgefährlicher Beruf ist."[3] Damit traf
Andersch genau den richtigen Punkt: Für Schmidt wurde der Beruf
des Schriftstellers lebensgefährlich. Er absolvierte ohne Rücksicht
auf seine Gesundheit ein enormes Arbeitspensum. An "Zettels
Traum" arbeitete er nach eigenen Angaben in den späten sechziger
Jahren 14-16 Stunden am Tag.[4] Er war Sklave seines eigenen
strengen Arbeitsethos, von dem Georg Hensel schon aus Darmstädter
Tagen zu berichten wußte:

> Ich habe nie mehr einen Menschen kennengelernt, der von

---

(1) Brief Schmidts an Andersch vom 13.01.1960. In: BAN, S. 210.
(2) Brief Alice Schmidts an Andersch vom 15.01.1960. In: BAN,
    S. 211.
(3) Brief Anderschs an Alice Schmidt vom 20.01.1960. In: BAN,
    S. 211.
(4) Gunar Ortlepp: APROPOS: AH!; PRO=POE. In: Der Spiegel, Nr.
    17, 20.04.1970, S. 225.

seiner Arbeit so besessen war wie Arno Schmidt: er
kannte kein anderes Thema; small talk war ihm unmöglich; er hat buchstäblich alles seiner Arbeit
untergeordnet. Er kannte keine Entspannung, er
"schrieb" auch dann, wenn er nicht schrieb, unentwegt
in seinem Kopf weiter. Er kannte nur eine Furcht:
daß ihn irgendetwas beim Schreiben hindern könnte.
    Nichts war damals so begehrt wie eine Einladung
ins Ausland. Ich erinnere mich, wie er - bei mir in
der Wohnung - erzählte, daß er mit Frau in irgendein Mittelmeerland, ich meine, es war Jugoslawien,
eingeladen war. Selbstverständlich lehnte er ab:
seine Arbeit war ihm wichtiger. Als seine Frau, die
gern gefahren wäre, ein wenig jammerte, fuhr er ihr
schroff über den Mund: er brauchte ihre Mitarbeit,
er konnte auf sie nicht verzichten, es war also selbstverständlich, daß sie auf die Reise verzichtete. Das
ging so weit, daß er Angst hatte, meine Frau und ich
könnten seine Frau dazu verführen, daß sie sich von
ihm ein wenig Freiheit erkämpfte. So war der Umgang
mit ihm nicht einfach. (1)

Daß es Frau Alice mit ihrem Mann nicht leicht hatte, liegt auf
der Hand. Sie mußte mit ihm nicht nur die materielle Not teilen,
sondern sich zu einem großen Teil auch seinem strengen Arbeitsethos unterwerfen. Sicher entsprach sie nicht dem Bild einer
"idealen" Schriftstellerehefrau, das Schmidt einmal ironisch
als "〉Stumme Anbetung, die auch Maschine schreiben kann〈"[2] bezeichnete. Aber ohne ihre Mitarbeit wäre sein Werk so niemals
zustande gekommen. Alice Schmidt erledigte einen Großteil der
Korrespondenz, hielt aufdringliche Besucher von ihrem Mann fern,
bereitete auch - wie Bernd Rauschenbach erzählt - Übersetzungen
vor und schrieb die Übersetzungen später ins Reine. Insofern
sie sich dem Lebensverzicht ihres Mannes anpaßte und im Schat-
ten ihres Mannes stand, brachte sie gewiß kein kleines Opfer.

    Von Mitte der sechziger Jahre an verbesserte sich Schmidts
soziale Lage langsam, doch nie so, daß er auf Brotarbeiten ganz
verzichten konnte. Die an den Fischer Taschenbuch Verlag ver-

---

(1)Briefliche Mitteilung Georg Hensels an mich vom 14.08.1984.
(2) Arno Schmidt: Antwort auf Fragen der "Zeit". A.a.O., S. 213.

gebenen Lizenzen - insgesamt wurden 17 Taschenbücher mit einer
Gesamtauflage von 430 000 Exemplaren gedruckt - machten Schmidt
bekannter und einem größeren Leserkreis zugänglich. Sein Markt-
wert stieg beträchtlich durch die Typoskriptwerke "Zettels
Traum" (1970), "Schule der Atheisten" (1973) und "Abend mit
Goldrand" (1976). Schmidt wurde zur Kultfigur, seine Bücher
zu Kultobjekten.[1] Zwei Preise, die Schmidt in den sechziger
Jahren erhielt, ließen ihm spät Anerkennung und finanziellen
Ertrag zukommen: 1964 erhielt er den mit 10 000 DM dotierten
Fontane-Preis der Stadt Berlin-West, 1965 die Ehrengabe für
Literatur des Kulturkreises der deutschen Industrie.[3] 1973 dann
vergab die Stadt Frankfurt den mit 50 000 DM dotierten Goethe-
Preis an Arno Schmidt. Schmidt erinnerte sich damals an seine
Anfänge: "Dagegen stand über unserem Start - ja, über der
ganzen Laufbahn - ein böses >Zu spät !<."[2]

Zu spät kam das Geld des Goethe-Preises, zu spät kam auch
die einzigartige mäzenatische Unterstützung, die der Millionen-
erbe Jan Philipp Reemtsma 1977 Schmidt gewähren konnte. Diese
finanzielle Privathilfe sollte Schmidt ein sorgenfreies Schreiben ohne die lästigen Brotarbeiten ermöglichen. Schmidt wollte
sein Romanprojekt "Lilienthal", das er wegen anfallender Brotarbeiten hatte immer wieder aufschieben müssen, endlich ver-
wirklichen. Er hatte dafür eine Arbeitszeit von zehn Jahren
veranschlagt. Reemtsma machte das, was kein Verlag wagte: Er
finanzierte Schmidt das Projekt vor. Zu spät. Krankheit und
Tod verhinderten die Ausführung des Romanprojektes. Am 3. Juni
1979 starb Schmidt mitten in der Arbeit an seinem Fragment ge-
bliebenen Roman "Julia". Wie hatte er einst geschrieben:

Und einen "Lebensabend" gedenke ich nicht zu verbringen;

---

(1) Der Preis für die Erstausgabe des "Leviathan" übersteigt
    heute (1986) bei weitem die Summe, die Schmidt als Honorar
    für den Band von Rowohlt kassierte. Man muß in Antiquariaten
    heute dafür bis zu 1500 DM zahlen!
(2) Arno Schmidt: Dankadresse zum Goethe Preis 1973. A.a.O., S.29.
(3) In Höhe von 8000 DM.

hoffe vielmehr in meinen Stiefeln zu sterben, die
Finger auf den Tasten meiner Schreibmaschine. (1)

In Schmidts Leben war kein Platz für Urlaub, Freizeit oder
für einen beschaulichen Lebensabend. Hatte ihm einst das Geld
gefehlt, um sich ausschließlich seinen "eigentlichen Werken"
widmen zu können, so hinderte ihn in den letzten Jahren ein
verbrauchter, kranker Körper am Schreiben, die Folge seiner
alles der Arbeit unterordnenden Lebensweise. Bemerkenswert
erscheint daher, welch umfangreiches Werk Schmidt von 1946-1979
schuf. Rückblickend meint dazu Hans Wollschläger:

> [...] daß sein Werk gegen alle Notlagen in dieser Qualität
> und Quantität zustande gekommen ist, war erkauft durch
> einen Lebensverzicht, an den zu denken mir heute noch
> Grauen macht; ich könnte ihn nicht nachahmen. Er hat das
> von seinem Schüler auch nie verlangt: es war etwas, was
> er als seinen ganz persönlichen Lebensfluch begriff. (2)

Gedemütigt von Verlegern, ignoriert von einem größeren Lese-
publikum, angeschwärzt von christlich-konservativen Kreisen,
jahrelang unter dem Existenzminimum lebend, einen großen Teil
seiner Arbeitszeit und -kraft auf Brotarbeiten verwendend: Die
Hindernisse, mit denen der freie Schriftsteller Schmidt zu
kämpfen hatte,waren zahlreich und vielfältig. Wie naiv-ideali-
stisch klingt doch noch sein Begriff von Freiheit, den ich am
Anfang des Kapitels zitierte : Gesundheit und Bedürfnis-
losigkeit. Einige Jahre später stand für Schmidt fest: Freiheit ist identisch mit Geld.[3] Aber Geld verdient man grundsätzlich nur durch Brotarbeiten.

---

(1) Arno Schmidt: Traumstädte der Prominenz. In: Abend-Zeitung
    München, 16.05.1964.
(2) Briefliche Mitteilung Hans Wollschlägers an mich vom 5.7.1985.
(3) "Lieber Herr, schreiben Sie erst einmal ein Dutzend Jahre
    lang Unsterbliches: so mit geklauten Bleistiftstümpchen,
    am wakkelnden Tisch, auf Zeitungsränder, als Hauptnahrungs-
    mittel die eigenen Nägel - dann werden Sie vielleicht ein-
    sehen, daß einem Solchen>Geld< identisch wird mit>Freiheit<!"
    Arno Schmidt: Die Ritter vom Geist. Von vergessenen Kollegen.
    Frankfurt a.M., 1985, S. 30 (Reprint der von Arno Schmidt
    autorisierten Erstausgabe von 1965.)

1.2   Des Dichters Brotarbeit. Überlegungen zu einem Begriff.

> "Die Brotarbeit" (ach, sie ist auch eine!)
> könnte ich schon verwenden [...]. (1)

Wir haben bisher gesehen, wie ärmlich Schmidt über Jahrzehnte leben mußte und wie er seine Existenz fast ausschließlich von Brotarbeiten bestritt. Folglich klagt er in seinen
Werken - mit Ausnahme der Typoskriptbände der siebziger Jahre -
immer wieder über zeitraubende Brotarbeiten. Andererseits läßt
Schmidt in der Fiktion seinen Romanhelden jene sorgenfreie
Existenz zukommen, die ihm in der Realität versagt blieb: Im
"Steinernen Herz" ist es ein gefundener Goldschatz, der ein
unbeschwertes Leben garantiert; in "Kaff" bietet Tante Heete
ihrem literarisch interessierten Neffen Karl und seiner Freun-
din Hertha an, bei ihr zu wohnen und durch Grundstücksverkäufe
ihren Lebensunterhalt zu sichern. Daniel Pagenstecher in
"Zettels Traum" verfügt nicht nur über eine gut sortierte Vor-
ratskammer, sondern auch über ein stets gefülltes Portemonnaie,
von dem er gegenüber seinen Gästen großzügig Gebrauch macht.
Denn Paul und Wilma Jakobi leben mehr schlecht als recht von
Brotarbeiten, von Übersetzungen und kleinen Zeitungsartikeln.
    Was verstand Schmidt unter Brotarbeiten, wie sind sie
literarisch zu werten und welche Lösungsmöglichkeiten bietet
Schmidt an, um Schriftsteller von derlei lästigen Nebenarbeiten
zu befreien? Die Antworten auf diesen Fragenkomplex muß ich

---

(1) Aus einem Brief des Redakteurs der HANNOVERSCHEN PRESSE
    Friedrich Rasche vom 26.9.1955 an Schmidt. Besitzer: Arno-
    Schmidt-Stiftung, Bargfeld.

zusammenfassen, da sie sich verstreut im Werk Schmidts finden.
Er hat sich niemals in einer größeren Arbeit diesen Fragen insgesamt gestellt. Zwar erschien am 23.02.1956 in der HANNOVER-
SCHEN PRESSE ein Zeitungsartikel mit dem verheißungsvollen
Titel "Des Dichters Brotarbeit", doch der Beitrag enttäuscht
weitgehend. Anekdotisch aufbereitetes Material und ein mora-
lischer Schlußappell an den Leser zeigen nicht die konkreten
Sorgen eines Schriftstellers im Jahre 1955, sondern die des
brotarbeitenden Übersetzers Schmidt. Allerdings enthält der
Beitrag schon den Kern von Schmidts Überlegungen zur Brotarbeit: Das von ihm konstatierte Verhältnis zwischen Geld,
Arbeitszeit und Arbeitsprodukt. Je mehr Arbeitszeit ein Schriftsteller seinem Werk widmet, so argumentiert Schmidt, umso anspruchsvoller wird es. Je anspruchsvoller ein Werk ist, umso
kleiner ist der Kreis der Leserschaft. Der Verleger kann folglich nur wenige Exemplare absetzen und den Schriftsteller nur
schlecht bezahlen. Ein Schriftsteller kann also "von seinen
eigentlichen dichterischen Werken nicht leben [..] ; eine Ab-
surdität, die vielleicht am eindrucksvollsten in der Kurzformel
wirkt: Je höher die Leistung, desto geringer der Verdienst!"[1]
Also muß der Schriftsteller Brotarbeiten anfertigen, auf die
er möglichst wenig Zeit wendet, in denen er nicht jedes Wort
und jeden Satz sorgfältig abwägt, und die er dennoch - oder
sollte man sagen: Gerade deshalb! - gut verkaufen kann. In
Frage kämen hier Arbeiten für die Presse oder den Funk, die
Schmidt in seinem Beitrag jedoch nicht erwähnt. Für ihn ist
1955, als der Beitrag verfaßt wurde, ausschließlich das Übersetzen als Brotarbeit relevant. Übersetzt wird in der Regel
"irgendein Reißerprodukt des Auslandes", das termingerecht ab-
geliefert werden muß. Daß es ein billiger "Reißer" ist, kommt
Schmidt gerade recht: "Man denke sich als naiver Leser doch ja

---

(1) Arno Schmidt: Des Dichters Brotarbeit. HANNOVERSCHE PRESSE,
23.02.1956. Alle weiteren Zitate beziehen sich, wenn nicht
anders angegeben, auf diese Publikation!

nicht, daß es dem Dichter "hohe Seligkeit" sein müsse, einen
verwandten Genius zu übersetzen. Im Gegenteil: je platter und
simpler der Text; je geringer der Wortschatz des fremden Roman-
schreibers; kurz, je "einfacher" die verhaßte Arbeit, desto an-
genehmer für den Geplagten!" Pech hat dagegen der Übersetzer,
der an einen "anspruchsvollen Ausländer" gerät; "wohl könnte
er die feine Goldschmiedearbeit nachahmen, wenn er sich hinter-
drein nur nicht mit dem armseligen Gedanken plagen müßte,
"Geld" dabei verloren zu haben." Denn für den Übersetzer, den man
für seine Arbeit pauschal mit 800 DM abfindet, wird der Stunden-
lohn natürlich umso geringer, je mehr Arbeitszeit er auf das
Werk wendet. Wird er dagegen gut bezahlt, kann er viel Zeit in
das zu übersetzende Werk investieren, so kommt dabei keine Brotarbeit, sondern eine "kongeniale" Übersetzung heraus, eine Leistung, die dem hohen Anspruch des fremdsprachigen Werkes voll
gerecht wird. Nicht jede Übersetzung ist also automatisch eine
Brotarbeit.

Zurück zu den "eigentlichen" Werken eines Schriftstellers.
Gibt es denn nicht anspruchsvolle Werke, die ziemlich rasch entstehen, und gibt es nicht Werke der "Hochkunst", die bis heute
in recht hoher Auflage erscheinen? Die erste Frage beantwortet
Schmidt mit einem klaren Nein. Immer wieder betont er den rein
handwerklichen Charakter des Schriftstellerberufes und polemi-
siert gegen die Auffassung, als könne der Dichter vom Faulbett
aus jederzeit ein paar göttliche Verse hinwerfen. Schmidt geht
außerdem vom Primat der Prosa aus. "Man schreibt langsam Prosa.
Nur sie wird rhythmisch der Vielfaltigkeit der zu verschränkenden
Handlungsabläufe, und sei es nur 1 einzigen Tages, annähernd gerecht [..] ."[1] Der ernsthaft arbeitende Schriftsteller ist für
Schmidt ein fleißiger Mosaikarbeiter, der zunächst Material sam-
melt, das auf Zetteln Notierte immer wieder umarbeitet und dann
mit "äußerster Konzentration zusammenschweißt".[2] Welche Inten-

---

(1) Arno Schmidt: Die moderne Literatur und das deutsche Publikum.
    In: Sind wir noch das Land der Dichter und Denker? 14 Ant-
    worten. Hrsg. von Gert Kalow. Reinbek b. Hamburg, 1964, S. 99
(2) Arno Schmidt: Der Autor und sein Material. DEUTSCHE ZEITUNG,
    15./16.12.1962

sität in einem Prosastück steckt, beschreibt Schmidt so:

> Der Leser hat keinen Begriff davon, welche .Energie,
> Worthalden anzuhäufen; welche Fähigkeit, Akusmata &
> Foneme sinnreich zu vermählen (und deren legitime
> Sprößlinge, mehrsprachige, großzuziehen und geschmeidig
> trainiert zu erhalten); welche Unermüdlichkeit der Kom-
> binatorik und auch der Analyse; welches tip-toe-Gefühl
> für Rhythmen & Vokalharmonien; welch umfassende Belesen-
> heit; welcher Mut, meine Herren, welche Aufrichtigkeit,
> meine Damen; welche rare psychische Spaltbarkeit: gleich-
> zeitig der Schreibende und das Jenem mondkalt zuschauende
> Gesicht am Fenster zu sein - den auch nur den mittelguten
> Autor ausmacht! (1)

Zwangsläufig feilt der Schriftsteller immer wieder an seinem
Werk: Kunstwerke können nicht 'schnell' entstehen.

Daß Werke der Hochkunst in großen Auflagen erscheinen,
bezweifelt auch Schmidt nicht. Nur sind es Werke, die meist
erst nach Jahrzehnten oder Jahrhunderten einen solchen Erfolg
verbuchen können. Schmidt unterscheidet eine "reine" von einer
"angewandten" Literatur:

> Die 'Reinen' erproben 'vorne' neue Prosa-Techniken usw.,
> und sollten, ohne Hinschielen auf 'Ergebnisse' grundsätz-
> lich irgendwie 'finanziert' werden, that's me; die 'Ange-
> wandten' schauen zu, was sie davon praktisch & mit Effekt
> brauchen können, und verdienen's Geld. (2)

Für Schmidt sind also die "Reinen" in exponierter Stellung,
einsam experimentierende Pioniere der Literatur, die von der
Lesewelt erst nach Jahrzehnten in größerem Maßstabe wahrgenom-
men werden. In "Zettels Traum" heißt es:

> [..] nahezu alle großn Kulturleistungen sind das Werk
> bedeutender=Einzelner; die, nie gefördert (meist sogar
> schwer behindert !) von der sich so nennenden 'Gemein-
> schaft, oder Gesellschaft', in unvorstellbarer Mühe das
> geliefert habn, was dann, 50-100 Jahre nach ihrem Tode,
> die gleiche Gesellschaft vereinnahmt & stolz vorzeigt :!
> - einer der perfidestn & frechstn Tricks der Milliardn
> Versager; die ihrer Scheiß=Gemeinschaft ein Alibi schaffn
> möchtn... (3)

---

(1) Arno Schmidt: Der Fall Ascher. DEUTSCHE ZEITUNG, 22.02.1964
(2) Arno Schmidt: Antworten auf Fragen der "Zeit". A.a.O., S. 213
(3) Arno Schmidt: Zettels Traum. A.a.O., S. 914

Wer aber soll dem "Schriftstellerpionier" helfen, ihn von
seinen lästigen Brotarbeiten befreien? Über diese Frage hat
sich Schmidt offenbar wenig Gedanken gemacht, denn die Antwort
lautet für ihn: Der Staat. Ausgerechnet <u>der</u> Staat, dem Schmidt
in seinen Büchern mit so viel Mißtrauen, ja Feindschaft begegnet, der müsse "solchen, wirklich ernsthaft und fleißig
Kunstwerke Erzeugenden ein festes Gehalt aussetzen [..] ."[1]
Diese realitätsferne und zugleich problematische Forderung
Schmidts mag zur Genüge zeigen, daß er das Problem 'Brotarbeit'
und die soziale Lage des Schriftstellers nicht ausreichend
reflektiert hat. Schmidt hat nie <u>den</u> Schriftsteller im Visier,
sondern ausschließlich sich selbst. Er geht nie über seinen
unmittelbaren persönlichen Horizont hinaus. Typisch für diese
egozentrische Haltung ist auch die Tatsache, daß Schmidt zu
einer Zeit, als er nicht mehr in großem Maßstab auf Brotarbeiten
angewiesen war, das Problem 'Brotarbeit' literaturhistorisch
aus den Augen verliert. Im Funkessay über Carl Spindler fehlt
die soziale Problematik ebenso wie in den Gesprächen über Friedrich Wilhelm Hackländer in "Abend mit Goldrand". War das Problem
'Brotarbeit' in den Funkessays der fünfziger Jahre immer wieder
angesprochen worden, so fiel es ausgerechnet bei denjenigen
Schriftstellern unter den Tisch, deren schriftstellerische Qualitäten unter den sozialen Bedingungen ihres Berufes Schaden nehmen
mußten.

Im "Zwischenwort zur POE=Frage" hat Schmidt noch einmal
seine Ansichten zur Brotarbeit zusammengefaßt und den Schluß
daraus gezogen, daß überhaupt nur ein kleiner Teil des Gesamt-
werkes eines Autors tradiert werden sollte:

[...] von <u>keinem</u> Schriftsteller sind aufbewahrenswürdig
mehr als <u>1 Drittel</u>! Das ist nicht des Schriftstellers

---

(1) Arno Schmidt: Die Ritter vom Geist. A.a.O., S. 276

Schuld; sondern jener äußerst merkwürdigen Erscheinung
zur Last zu legen : in jedem anderen Beruf verdient man,
je mehr man leistet, desto mehr Geld. [...] In der Kunst
jedoch erhält man, je besser man's macht, desto weniger;
weil Große Kunst vom Leser Ernst & Fleiß verlangt; Schu-
lung & Ausbildung, (und noch einmal Ernst & Fleiß)-:
aber Wer will das schon aufwenden?! Mit anderen, deut-
licheren Distelworten : ein Schriftsteller, der nur Hochliteratur lieferte, müßte schlicht verhungern. Manche,
fast immer Sehr=Junge, haben's getan - wobei mir immer
'Märtyrerdummheit' einfällt - alle Anderen, es sind die
Bedeutenderen, haben ihr Schaffen 'zerlegen' müssen:
in Brotarbeiten; und in die 'eigentlichen Werke'. (1)

Die Ansicht, nur den kleineren Teil des Gesamtwerks der Nachwelt zu überliefern, muß bei Schmidt überraschen. Hat er nicht
selbst einmal geschrieben, daß "jeder 2, 3 Leute haben sollte ,
von denen er aber auch schlechterdings Alles kennt; jede Zeile,
die sie schrieben; jeden Brief; jedes biografische Schnitzel-
chen."[2] Gerade diese positivistische Sammelleidenschaft gerät
bei Schmidt mit einer Klassikerverehrung in Konflikt, die nur
dem reinen Kunstwerk huldigen will. Seine Fouqué-Biographie
belegt das deutlich. Auf der einen Seite hat er eine monströse
Materialsammlung vorgelegt; auf der anderen Seite machte er
vom Werk Fouqués Abstriche und versuchte alles das auszuschließen,
was das positive Bild Fouqués trüben könnte. Wegfallen müssen
zum Beispiel die Jugendarbeiten Fouqués: "Die Handübungen
brauchen nicht erhalten oder gar gedruckt zu werden; die wider-
lichen Übertreibungen der Goethe- oder Nietzsche-Philologie
können nur abschreckend wirken."[3] Wegfallen müssen auch Fouqués Brotarbeiten für Taschenbücher und Almanache: " [..] man
sollte es sich versagen, diese Leistungen unseres Dichters all-
zunahe zu besehen! Er hat sie zum größten Teil flüchtig und nur
des Honorariums halber verfaßt ..., ."[4] Jugend- und Brotarbeiten

---

(1) Arno Schmidt: Zwischenwort zur POE=Frage. In: Der Rabe Nr.1,
    Zürich, 1982, S. 29
(2) Arno Schmidt: Der Triton mit dem Sonnenschirm. Großbritannische
    Gemütsergetzungen. Frankfurt a.M., 1985, S. 123 (Reprint der
    von Arno Schmidt autorisierten Erstausg. von 1969.)
(3) Arno Schmidt: Fouqué und einige seiner Zeitgenossen. A.a.O.,
    S. 166
(4) Arno Schmidt: Fouqué und einige seiner Zeitgenossen. A.a.O.,
    S. 338f.

sollten nach Schmidts Meinung weder in "Gesammelten Werken"
auftauchen, noch zur Beurteilung eines Schriftstellers überhaupt herangezogen werden.

> Es wäre überhaupt nicht mehr als richtig und gerecht,
> bei jedem Dichter, sei es Poe, Hoffmann, Fouqué, Tieck
> usw. bis auf die allerneuesten, diesen Teil ihrer Produk-
> tion rein auszuscheiden; wenn mir ein Schriftsteller aus-
> drücklich versichert, er habe solches Zeug nur aus schänd-
> licher erbarmungswürdiger Not und um des blanken Lebens-
> unterhaltes willen hingeschrieben,oder im Akkord Bücher
> übersetzt, dann weiß ich, daß ich die Ergebnisse gar nicht
> zu seiner Beurteilung heranziehen darf, und auch er selbst
> gewünscht hat, daß All das in Vergessenheit gerate, und
> zwar so schnell wie nur irgend möglich! (1)

Um seinen Standpunkt in dieser Frage zu präzisieren, wählt Schmidt
als Beispiel E.T.A. Hoffmanns Werke:

> [...] daß ich z.b. von ETA Hoffmanns Dichtungen den Preis
> diesen zuerkenne: der 'Prinzessin Brambilla', dem 'Goldenen
> Topf' dem 'Klein Zaches', 'Meister Floh', usw.; und die, in
> gewissen Kreisen höher geschätzten, 'Meister Martin' oder
> 'Doge und Dogaressa' als bocksteife Notstandsarbeiten an-
> sehe, handgreiflich um des lieben Geldes willen zurecht
> gezimmert. (2)

Schmidt suggeriert damit dem Leser, ein Teil des Werkes sei nur
der hohen Kunst wegen, der schlechtere Teil nur des Geldes wegen
geschrieben worden. Eine solche These läßt sich im Falle Hoffmanns durch nichts belegen. Hoffmann hat alle seine Werke unter
finanziellem Druck, "des lieben Geldes" wegen und in relativ
kurzer Zeit geschrieben und veröffentlicht.[3]

Welche Folgen hätte Schmidts Forderung, 'Brotarbeiten'
bei der Herausgabe "Gesammelter Werke" nicht zu berücksichtigen!?
Hoffmanns Werke müßten zukünftig ohne seine Musikkritiken erscheinen, Wielands Werke wohlmöglich ohne seine publizistischen
Arbeiten, Heines Werke ohne die "Französischen Zustände". Sogenannte Gebrauchsliteratur, feuilletonistische Arbeiten, politische Zeitungsartikel, die sich den Forderungen des Tages stellen,

---

(1) Arno Schmidt: Fouqué und einige seiner Zeitgenossen. A.a.O.
    S. 339
(2) Arno Schmidt: Fouqué und einige seiner Zeitgenossen. A.a.O.
    S. 529
(3) Hoffmann hat fast sein gesamtes Werk innerhalb von 10 Jahren
    geschaffen!

würden wegfallen, damit dem reinen Bild eines ausschließlich
der Hochkunst verpflichteten Werkes gehuldigt werden kann. Daß
bei derlei puritanischem Umgang mit Literatur und höchst frag-
würdigen Editionsprinzipien die Zensurgrenze leicht überschrit-
ten werden kann, liegt gerade bei einer Ignoranz gegenüber feuilletonistischen Arbeiten, z.B. politischen Kolumnen, auf der
Hand. Abgesehen aber auch von dem Problem Zensur spricht gegen
eine strenge Reduzierung des Werkes die Einsicht, daß das Ko-
ordinatensystem der Literaturwissenschaft sich häufig ändert. Es
ist also nie auszuschließen, daß ausgerechnet "schwächere"
Stücke später einmal stärkere Beachtung finden.[1]

Schmidts problematischem Kunstpurismus zum Trotz halte ich
es für notwendig, sich mit seinen Zeitungsartikeln zu befassen,
auch wenn sie ausschließlich des "lieben Geldes wegen" hinge-
schrieben wurden. Wenn man sich mit Schmidt beschäftigt, sind
sie in ihrer Gesamtheit unverzichtbar, gleichgültig ob man in
ihnen nur den Reflex der sozialen Lage und damit ein Stück Biographie wiedergespiegelt sieht; oder ob man verfolgen will, wie
Schmidt mit dem Medium Presse umging; oder ob man Schmidts Ansichten und Bekenntnisse einmal nicht getrübt durch ein fiktives
Ich kennenlernen möchte. Ob Schmidt nun selbst soviel gegen
eine Beschäftigung mit seinen Brotarbeiten gehabt hätte, wie
man nach dem bisher Vernommenen vermuten könnte, wie er also
selbst zu seinen Zeitungsarbeiten stand, das soll erst am Ende
dieser Arbeit geklärt werden.

---

(1) Mich erinnern die Überlegungen Schmidts fatal an jene ernsthaft erwogenen Forderungen im letzten Drittel des 19. Jahrhunderts, nur noch um 'anstößige' Stellen bereinigte Ausgaben
der Klassiker zuzulassen, damit man eine Goethe- oder Schiller-
Ausgabe auch bedenkenlos der Jugend oder dem Volk darbieten
könne.

2.1 Statistische Übersicht der Zeitungsartikel nebst Ergänzung der Bibliographie von H.M. Bock

2.1.1 Allgemeine Übersicht

Hans Michael Bock hat in seiner "Bibliografie Arno Schmidt. 1949-1978"[1] insgesamt 236 Publikationen Schmidts in Zeitungen und Zeitschriften nachgewiesen, die Michael Schardt in einer ergänzenden Bibliographie[2] um zwei Veröffentlichungen in Zeitungen und fünf in Zeitschriften ergänzte. Ich habe zusätzlich noch 52 Publikationen Schmidts in Zeitungen und Zeitschriften ausfindig gemacht. Dadurch wird die Bibliographie - besonders was die fünfziger Jahre betrifft - zwar erheblich ergänzt, leider aber nicht hundertprozentig vervollständigt. Im Bargfelder Nachlaß finden sich nur etwa 70 Belegexemplare von Artikeln; den Rest hat Schmidt zum größten Teil verschenkt oder nie erhalten. Schmidt hat auch kein Buch darüber geführt, wann und wo ein Beitrag von ihm erschien. Aus all dem könnte man vorsichtig schließen, daß ihm diese Seite seiner Brotarbeiten gering und nicht besonders überlieferungswürdig erschien.

Zählt man nun die einzelnen von Schmidt verfaßten Artikel, so kommt man für den Zeitraum von 1949 bis 1979 auf 165 Stück.

---

(1) Hans Michael Bock: Bibliografie Arno Schmidt. 1949-1978. 2., verb. u. erg. Ausg. (Korrigierter Neudr. d. 2. Aufl. 1980.) München, 1980, S. 33-51. Diese Abteilung 1.2 "Veröffentlichungen in Zeitungen" enthält auch Veröffentlichungen in Zeitschriften wie KONKRET oder DER SPIEGEL.
(2) Michael Matthias Schardt: Bibliographie Arno Schmidt. 1979-(7) 1985. Mit Erg. u. Verb. zur Arno-Schmidt-Bibliographie 1949-1978. Aachen, 1985, S. 23-24

Da viele Beiträge jedoch mehrfach abgedruckt wurden, haben
wir insgesamt 295 Veröffentlichungen vorliegen. Man kann
diese Menge von Zeitungsartikeln zunächst in sechs Gruppen
aufteilen. Links steht die Anzahl der einzelnen Beiträge,
rechts die Anzahl aller gedruckten Artikel:

1. Auszüge aus Büchern Schmidts	15	15
2. Kurzgeschichten	34	84
3. Kurze Stellungnahmen auf Umfragen	7	8
4. Übersetzungen	1	4
5. Plagiate	1	2
6. Sonstige Beiträge	107	182
Zusammen:	165	295

Ein paar Anmerkungen dazu: "Auszüge aus Büchern Schmidts"
sind keine Beiträge, die Schmidt eigens für Zeitungen geschrieben hätte, sondern entweder Vorabdrucke oder Texte aus
eigenständigen Schriften Schmidts. Bei den Umfragen handelt
es sich um so kurze Antworten Schmidts, daß die Bezeichnung
"Zeitungsartikel" eigentlich unangebracht ist. An Übersetzungen
hat Schmidt lediglich das Gedicht "Blenheim" von Robert Southey
verwendet, "das mir in seiner Bauernschlauheit so gut gefiel,
daß ich es neulich Abends vom Fleck weg übersetzte."[1] Nicht
berücksichtigt werden Übersetzungen Schmidts, die fortsetzungs-
weise in Zeitungen erschienen, wie zum Beispiel Sloan Wilsons
"Der Mann im grauen Flanell", die 1956/57 im HAMBURGER ANZEIGER
gebracht wurde. Schmidt, einmal vom Verlag pauschal abgefunden,
partizipierte finanziell daran nicht mehr. Als Plagiat ist ein
Beitrag verzeichnet, der einmal unter dem Titel "Geschenkte
Weile" in der FRANKFURTER RUNDSCHAU vom 28.10.1955 und als "Rede
für die Langeweile. Aus einem Roman" in der FULDAER VOLKSZEITUNG
vom 10.03.1956 erschien. Klaus T. Hofmann hat inzwischen nachgewiesen, daß dieser Text wörtlich Ludwig Tiecks Roman "Die
Vogelscheuche" entnommen ist.[2] Offensichtlich rechnete Schmidt

---

(1) Aus einem Brief Schmidts an Peter Rühmkorf vom 11.3.1957
    In Besitz von Peter Rühmkorf, Hamburg.
(2) Klaus T. Hofmann: LESEN HEISST BORGEN. Weitere Spuren-
    sicherung im Fall "Meisterdieb". In: Bargfelder Bote,
    Lfg. 67-68, März 1983, S. 21f.

nicht damit, daß das Werk noch einmal von einer größeren
Lesergemeinde goutiert werde, und verfuhr ganz nach dem Motto:
Man nehme aus alten Büchern! Die "sonstigen Beiträge" umfassen
Rezensionen, Portraits von Dichtern, literatur- und kultur-
historische Aufsätze, die hier nicht weiter untergliedert
werden sollen, da sie im Verlauf meiner Arbeit gesondert dargestellt werden.

Es stellt sich nun die Frage, wieviel Zeitungsartikel in
Sammelbänden wie "Trommler beim Zaren" (1966), "Kühe in Halbtrauer" (1964) oder "Der Triton mit dem Sonnenschirm" (1969)
Aufnahme fanden. Hier zeigt sich, daß die Erzählungen zum
größten Teil in Bücher übernommen wurden; nur sechs von 34 Erzählungen wurden nicht in Sammelbänden verwertet. Anders in
der Abteilung "sonstige Beiträge": Hier sind von 107 Artikeln
nur 16 in Sammelbänden abgedruckt. Allerdings muß man bei diesem
krassen Mißverhältnis berücksichtigen, daß sich bei einer Über-
nahme zahlreicher Zeitungsartikel Überschneidungen mit anderen
Büchern Schmidts ergeben hätten. So enthält die Karl May Studie
"Sitara und der Weg dorthin" quasi alle Ergebnisse der Zeitungsbeiträge Schmidts über May. Ähnliche Überschneidungen hätten
sich auch bei der Publikation von Zeitungsartikeln über Cooper,
Schefer oder Frenssen mit den gedruckten Funkessays über diese
Dichter ergeben. Dennoch blieb - bis heute - vieles ungedruckt
aus diesem Bereich.

2.1.2   Zeitliche Übersicht

Die ersten vier Beiträge Schmidts in Zeitschriften
sind nicht eigens für die Presse geschrieben worden, sondern
Auszüge aus dem "Leviathan", der Massenbachrevue und dem Kurz-
roman "Aus dem Leben eines Fauns". Erst im August 1954 erschien
der erste, eigens für eine Zeitung geschriebene Beitrag Schmidts:
"Gesegnete Majuskeln". Für eine Serie des HAMBURGER ANZEIGERS
"Rechtschreibereform - für und wider" war Schmidt aufgefordert
worden, einen Artikel zu schreiben. 1955 konnte Schmidt schon
32[1] Beiträge in Zeitungen unterbringen; bis 1960 lag die Anzahl

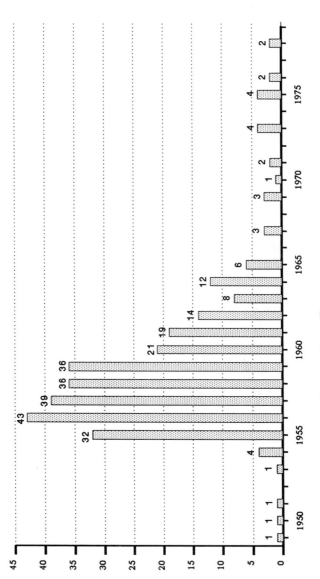

Arno Schmidts Zeitungsartikel von 1949 – 1979

seiner Zeitungsbeiträge im Jahr bei etwa 38, ab 1960 nahm die
Zahl ständig ab und verlief zwischen 1965 und Schmidts Tod 1979
im Sande. 1971 erschien der letzte für eine Zeitung geschriebene
Aufsatz; die "Dankadresse zum Goethe-Preis 1973" oder die
"Stammtafeln zur 'Littlepage-Trilogie'" sind natürlich keine
Zeitungsartikel.

Man kann anhand der auf Seite 36a dieser Arbeit abgebildeten
Grafik unschwer drei Phasen in Schmidts Arbeit für die Presse
ausfindig machen: Von 1949 bis August 1954 veröffentlichte er
so gut wie nichts in Zeitungen. Von 1955 bis 1965 erschienen
fast alle Arbeiten Schmidts für Zeitungen und Zeitschriften.
Ab 1966 bis 1979 wurde die Produktion von Zeitungsartikeln wieder
nahezu bedeutungslos. Daß Schmidt ab 1966 nur wenig in Zeitungen
und Zeitschriften publizierte, kann man durch eine langsam ein-
tretende Verbesserung seiner sozialen Lage erklären. Daß er
aber vom Anbeginn seiner schriftstellerischen Laufbahn bis zum
Sommer 1954 sich dem Pressebetrieb beharrlich verweigerte, zeigt,
wie wenig ihm an dieser Publikations- und Erwerbsmöglichkeit
gelegen war. Viele Schriftsteller beginnen ihre Laufbahn mit
Beiträgen in Zeitungen und Zeitschriften, bevor sie den ersten
großen Wurf wagen. Bei Schmidt war das genau umgekehrt. Er
hatte 1954 immerhin schon vier Bücher vorgelegt, bevor er sich
als Feuilletonist versuchte. Er hatte sich mit diesen vier Büchern schon einen festen Platz in der Literaturgeschichte gesichert, bevor er sich dem raschen und leicht vergänglichen
Tagesgeschäft des Feuilleton widmete.

2.1.3 Die Zeitungen

Wirft man einen Blick auf die Menge der Zeitungen, die
Artikel von Schmidt druckten, so fallen drei Publikations-
organe sofort ins Auge: DIE ANDERE ZEITUNG brachte 35, die
FULDAER VOLKSZEITUNG 33 und DIE ZEIT 32 Beiträge Schmidts.
Hier wurde er überdurchschnittlich häufig präsentiert. Eine
zweite Gruppe bilden diejenigen Zeitungen, die zwischen 15 und
20 Artikel druckten: die FRANKFURTER RUNDSCHAU mit 19, die
SÜDDEUTSCHE ZEITUNG mit 17, STUDENTENKURIER/KONKRET mit 16 und
die FRANKFURTER ALLGEMEINE ZEITUNG mit 15 Artikeln. Die rest-

lichen 128 Beiträge verteilen sich auf 45 Zeitungen und Zeitschriften. Diese Zahlen verdeutlichen bestenfalls, daß Schmidt
von linken und linksliberalen Blättern bevorzugt gedruckt
wurde, nicht aber, daß er es unbedingt auf eine Publikations-
möglichkeit in linksorientierten Zeitungen angelegt hätte.
Versucht hat er es überall, wie wir noch sehen werden.

2.1.4   Häufigkeit einzelner Beiträge Schmidts

Gab es eigentlich Spitzenreiter unter den publizistischen
Brotarbeiten Schmidts? Diese Frage läßt sich für die Artikel
der sechziger Jahre klar verneinen; zu dieser Zeit verkaufte
Schmidt seine großen Beiträge nur noch einmal. Aber in den
fünfziger Jahren kamen zahlreiche kleinere Artikel wiederholt
zum Abdruck. Die Spitze nimmt der Beitrag "Finster war's, der
Mond schien helle" ein, der achtmal in verschiedenen Zeitungen
erschien. Wie lohnend dieser Zeitungsartikel für Schmidt war,
zeigt folgendes Zitat: "Ich habe einmal, in desperater Lage,
eine süße Nichtigkeit verfaßt 'Finster war's, der Mond schien
helle': mit der habe ich bisher schon mehr verdient, als mit
der ganzen Trilogie von [...] 'NOBODADDYS KINDER'!"[1] Lohnend
waren aber auch die beiden Kurzerzählungen "Todesstrafe bei
Sonnenschein" mit sieben und "Ich bin erst sechzig" mit sechs
Abdrucken. Die Beiträge "Nebenberuf: Dichter?", "Die Struwwelpeter", "17 sind zuviel", "Am Zaun", "An solchen Tagen" und
"Was soll ich tun" erfreuten sich ebenfalls großer Beliebtheit:
Sie brachten es auf immerhin je fünf Abdrucke!

2.1.5   Ergänzung der Bibliographie von H.M. Bock

Als letzten Beitrag zum Kapitel "Statistisches" bringe
ich nun noch eine Bibliographie derjenigen Zeitungsartikel
Schmidts, die sich bisher weder in der Bock-Bibliographie
noch in der Ergänzungsbibliographie von Schardt finden. Um
dem Leser, der die Bock-Bibliographie zur Hand hat, Orien-
tierungshilfen zu geben, habe ich in runden Klammern das Zahlensigel des in der Bock-Bibliographie zuerst nachgewiesenen Titels
notiert. Wo das Zahlensigel fehlt, handelt es sich folglich
um einen bisher ganz unbekannten Beitrag Schmidts.

---

(1) Arno Schmidt: Zwischenwort zur POE=Frage. In: Der Rabe Nr 1.
    Zürich, 1982, S. 29

1954

1. Rechtschreibereform - für und wider (III). Gesegnete
   Majuskeln. HAMBURGER ANZEIGER, 16.08.1954
2. Finster war's, der Mond schien helle. HAMBURGER
   ANZEIGER, 02./03.10.1954   (1.2.55.07.09.1)
3. Jean Paul sah aus wie ein schläfriger Pächter. Wie sich
   die Bilder gleichen: Von tausend Dichtern haben kaum zwei
   ein gefälliges Äußeres. HAMBURGER ANZEIGER, 06./07.11.
   1954   (1.2.56.02.25)

1955

4. Nur Lumpe sind bescheiden! Wie Frau Herder ihren Mann
   versöhnte / Klopstock arrangierte Feier für sich selbst.
   HAMBURGER ANZEIGER, 15./16.01.1955   (1.2.55.07.09.2)
5. Oh, daß ich tausend Zungen hätte! Es wimmelt von
   Schnitzern bei Übersetzungen / Maler und Musiker haben
   es besser. HAMBURGER ANZEIGER, 29./30.01.1955
   (1.2.55.04.30)
6. Der "Zweite Teil". HANNOVERSCHE PRESSE, 11.03.1955
7. Einige Traumkunstwerke. HANNOVERSCHE PRESSE, 16.04.1955
   (1.2.56.05.26)
8. Gesicht im Spiegel. NEUE WÜRTTEMBERGISCHE ZEITUNG,
   Göppingen, 28.04.1955
9. Finster war's, der Mond schien helle. DARMSTÄDTER ECHO,
   30.04.1955   (1.2.55.07.09.1)
10. Der große Unbekannte. RHEINISCHE POST, Düsseldorf,
    05.05.1955
11. Literarische Schönheitspflästerchen. Im Eifer des Ge-
    fechts. WESER-KURIER, Bremen, 26.05.1955   (1.2.55.06.25)
12. Die großen Spinnen. DARMSTÄDTER ECHO, 28.05.1955
    (1.2.56.06.16.1)
13. Martern aller Art. DIE RHEINPFALZ, Ludwigshafen, 12.08.
    1955   (1.2.57.02.02)
14. Siebzehn sind zuviel! AUFWÄRTS. Jugendzeitschrift des
    DGB, Köln. 8. Jg., Nr. 17, 18.08.1955   (1.2.54.09.11)

15. "Ich bin erst sechzig". Beichte eines Büchernarren.
    WESTFÄLISCHE RUNDSCHAU, Dortmund, 30.09.1955
    (1.2.56.01.26)

16. Wie sahen sie wirklich aus? Eine Betrachtung von Arno
    Schmidt. WESER-KURIER, Bremen, 04.10.1955 (1.2.56.02.25)

17. Doppelt destilliert. DARMSTÄDTER ECHO, 08.10.1955

18. Ich bin erst sechzig. DARMSTÄDTER ECHO, 03.12.1955
    (1.2.56.01.26)

19. Kabbalistische Beschwörung. DARMSTÄDTER ECHO, 31.12.1955
    (1.2.57.09.28)

                        1956

20. Die geplagten Fährmänner der Literatur. Geniale Über-
    setzungen und dumme - Was ist eigentlich "tenstitch"? -
    Der geschundene Horaz. WESER-KURIER, Bremen, 13.01.1956
    (1.2.55.04.30)

21. Dichter im Nebenberuf? Nein! DIE RHEINPFALZ, Ludwigshafen,
    28.01.1956 (1.2.55.05.13)

22. Lustig ist das Zigeunerleben. Eine Jugenderinnerung von
    Arno Schmidt. WESTFÄLISCHE RUNDSCHAU, Dortmund, 04.02.1956
    (1.2.55.07.23)

23. Das Land Orplid in der Dichtung. Die Sehnsucht der Dichter
    schafft Landschaften eigener Prägung. ERLANGER NACHRICHTEN,
    10.02.1956 (1.2.56.04.13)

24. Todesstrafe bei Sonnenschein. NEUE-RUHR-ZEITUNG, Essen,
    18.02.1956 (1.2.56.03.1)

25. Finster war's, der Mond schien helle. Arno Schmidt nörgelt
    ein wenig über die Nachlässigkeit der Schriftsteller.
    WESER-KURIER, Bremen, 07.03.1956 (1.2.55.07.09.1)

26. Ein Leben im Voraus. Erinnerung an einen eigenartigen
    Menschen. WESTFÄLISCHE RUNDSCHAU, Dortmund, 29.06.1956
    (1.2.56.06.09)

27. Älterer Herr in der Sommerfrische. Erzählung (leicht
    satirisch) von Arno Schmidt. DIE RHEINPFALZ, Ludwigshafen,
    07.07.1956 (1.2.56.03.1)

28. Wer Ohren hat zu hören, der höre! Das griechische Feuer,
    das 400 Jahre Geheimwaffe blieb. NÜRNBERGER NACHRICHTEN,
    14.07.1956   (1.2.57.10.19)
29 Nachbarin, Tod und Solidus. WESTFÄLISCHE RUNDSCHAU,
    Dortmund, 01.11.1956   (1.2.56.02.16)

1957

30. Nächtliche Träume, die Kunstwerke wurden. Am Beispiel der
    Musik, der Kunst, der Literatur. DIE RHEINPFALZ, Ludwigs-
    hafen, 08.02.1957   (1.2.56.05.26)
31. Melodien am Tage der Kaktusblüte. Aufgefangen und sorg-
    fältig registriert von Arno Schmidt. DARMSTÄDTER TAGBLATT,
    13./14.04.1957   (1.2.56.07.21)
32. Siebzehn waren zuviel ... James Fenimore Cooper. DIE
    RHEINPFALZ, Ludwigshafen, 18.05.1957   (1.2.54.09.11)
33. "Man nehme ..." Zum Problem des Plagiats. RHEIN-NECKAR-
    ZEITUNG, Heidelberg, 05.08.1957   (1.2.55.10.08)
34. Reim dich, oder ich freß dich. "Die besten Gedichte"
    sind gute Prosa / Anmerkungen zu alter und neuer Lyrik
    von Arno Schmidt. DARMSTÄDTER TAGBLATT, 07./08.09.1957
35. Geschichte, auf dem Rücken erzählt ... und zwar ziemlich
    hintergründig. DARMSTÄDTER TAGBLATT, 02./03.11.1957
    (1.2.56.05.12)

1958

36. Das schönere Europa begann im Jahre 1769. Die erste Ge-
    meinschaftsleistung unseres Kontinents vollbrachten Astro-
    nomen. DARMSTÄDTER TAGBLATT, 11./12.01.1958   (1.2.57.06.01)
37. Große Herren, große Schnitzer. WESER-KURIER, Bremen,
    11.03.1958
38. Das Genie - ein gerechter Richter über Genies? Über die
    Grenzen menschlicher Urteilsfähigkeit. DARMSTÄDTER TAG-
    BLATT, 15./16.03.1958
39. Blenheim. Von Robert Southey (1774-1843). (Aus dem Eng-
    lischen von Arno Schmidt). RHEIN-NECKAR-ZEITUNG, Heidelberg,
    15./16.03.1958   (1.2.58.01.30)

40. Der Dichter und die Kritik. NEUE-RUHR-ZEITUNG, Essen,
    15.03.1958   (1.2.58.06.06)

41. Das größere Europa der Gelehrten. Im Juni des Jahres 1769
    fanden sich die Völker zur ersten wissenschaftlichen Ge-
    meinschaftsarbeit zusammen. WESER-KURIER, Bremen,
    15.05.1958   (1.2.57.06.01)

42. Donnernder Name: Krakatau. NEUE-RUHR-ZEITUNG, Essen,
    23.08.1958   (1.2.58.08.23)

                            1959

43. Vorsicht: poetische Gesamtausgabe. In "Gesammelten Werken"
    wird Jugendarbeiten oft aufgeholfen. NÜRNBERGER NACHRICHTEN,
    07./08.03.1959

44. Allerlei Abenteuer reisender Damen. FULDAER VOLKSZEITUNG,
    25.07.1959   (1.2.59.05.16)

45. Was ist Wahrheit? FULDAER VOLKSZEITUNG, 15.08.1959

46. Kannitverstan und die Folgen. FULDAER VOLKSZEITUNG, 05.09.1959

47. Was würden Sie tun - wenn ... (Fünf Antworten auf eine
    Umfrage.) Schwäbische-Donau-Zeitung, Ulm, 31.12.1959

                            1960

48. "Was aber bleibet ..." Dichtung und Mathematik. DIE RHEIN-
    PFALZ, Ludwigshafen, 09.07.1960   (1.2.58.09.27)

                            1961

49. Damals in Floreal - der Kalender der Revolution. WISO,
    Korrespondenz für Wirtschafts- und Sozialwissenschaften.
    Heft 17, 01.09.1961 (1.2.59.01.10)

                            1964

50. Dichtung und Dialekt. DIE RHEINPFALZ, Ludwigshafen,
    09.05.1964   (1.2.59.03.07.2)

51. Der "Zweite Teil". DIE RHEINPFALZ, Ludwigshafen, 03.10.1964

                            1978

52. Der lange Weg zum Ostbahnhof. HANNOVERSCHE ALLGEMEINE
    ZEITUNG, 11./12.02.1978   (1.2.57.04.06)

2.2 Der Weg zum Feuilleton: Arno Schmidt und Ernst Kreuder.

Daß ich Ihnen aufrichtig ergeben bin,
wissen Sie; ebenso, daß die Flasche
Bier stets für Sie bereit steht [...] . (1)

Als Schmidt 1954 seinen ersten eigens für eine Zeitung ge-
schriebenen Artikel publizierte, befand er sich in einer außerordentlich schwierigen Lage: Mit Rowohlt war es zum Bruch gekommen, und Schmidt suchte vergeblich nach einem neuen Verleger.
Das Jahr 1954 brachte weder einer Übersetzung noch eine Rund-
funkarbeit von Schmidt. Schmidt mußte sich dringend nach einer
neuen Erwerbsquelle umsehen. Ernst Kreuder, den Schmidt bei der
Mainzer Preisverleihung 1951 kennengelernt hatte, drängte
Schmidt zu kleinen Veröffentlichungen in Zeitungen. Kreuder
hatte schon in den zwanziger Jahren Feuilletonistisches in
Zeitungen untergebracht und verfügte als ehemaliger Mitarbeiter
der FRANKFURTER ZEITUNG und als ehemaliges Redaktionsmitglied
des SIMPLIZISSIMUS gewiß über einen gediegenen 'journalistischen'
Erfahrungsschatz. Er hatte sich nämlich ein Rezept erarbeitet,
um möglichst viele Beiträge in Zeitungen unterzubringen. Ernst
Krawehl berichtet darüber:

Mir wurde Mitte der 50er Jahre, als ich Schmidt kennen
lernte, immer erzählt, Ernst Kreuder habe ihn über sein
eignes, Kreuders, Verfahren unterrichtet. Kreuder behaup-
tete, einen Posten von 80 oder 100 ganz kurzen Aufsätzen
fürs Feuilleton (die man in der Tat nicht selten 'unterm
Strich' sah) vorfabriziert zu haben, und nun sei es Aufgabe seiner Frau, die in bestimmten Abständen bei der
Presse herumzuschicken.
Man müsse wissen, daß kurze Stücke zur Unterhaltung, die

(1) Postkarte Schmidts an Ernst Kreuder vom 13.01.1956. Besitzer:
Deutsches Literaturarchiv, Marbach a.N. Da alle in diesem Kapitel zitierten Briefe Schmidts an Kreuder aus dem Arsenal
des Deutschen Literaturarchivs Marbach stammen, spare ich
mir im folgenden den Hinweis auf den Besitzer!

irgendeine kleine Pointe, einen kleinen Pfiff haben, als
Füller, als Verlegenheitslösung bei der Zeitungsmache im
Zeitdruck oft wie gerufen kämen. Er habe die Erfahrung ge-
macht, daß 15% bis 20% angenommen würden, was in der Sum-
me auch als Zeilenhonorar immer etwas einbringen könne.
Für ihn sei das lohnend. (1)

Die beängstigende soziale Lage und Kreuders Ratschläge bewogen
Schmidt schließlich, es bei Zeitungen zu versuchen und nach
dem Kreuderschen Verwertungsplan zu arbeiten. So fragt er am
02.09.1954 bei Kreuder an:

> Eine Bitte: können Sie mir die Anschrift von Herrn Georg
> H e n s e l mitteilen, bzw. die des "Darmstädter Echo",
> wo er doch sicher noch als Redakteur tätig ist? Ich möchte
> versuchen, durch ihn und bei ihm einige Beiträge über
> Cooper, Fouqué, o.ä. unterzubringen.

Und am 26.02.1955 bittet er Kreuder um die Adressen mehrerer
Zeitungen, an die er Artikel schicken möchte; ein paar Tage
später ergeht eine solche Bitte auch an Alfred Andersch.[2]

Doch weitaus schwieriger, als solche Adressen herauszu-
finden, war für Schmidt, den richtigen Umfang für seine Zeitungsartikel zu finden. Sie gerieten ihm offensichtlich zu lang.
Ganz zu schweigen von Kurzgeschichten, an die sich Schmidt
nicht recht wagen wollte. Am 21.02.1955 schreibt er an Kreuder:

> Ich versuche mich jetzt nach Ihrem Vorschlag in Zeitungs-
> artikeln; noch gelingt mir die Kürze nicht; und von Stories
> hält mich eigentlich die Güte der von Ihnen vorgelesenen
> zunächst ab - das will lange geübt sein, und es wird schon
> noch eine Zeit dauern, ehe ich Ihnen das erste Zeitungs-
> blatt werde zuschicken können.

Zwar liegen mir die Antwortbriefe Kreuders nicht vor, aber der
schon fünf Tage später geschriebene Brief Schmidts an Kreuder
zeigt, daß Letzterer Schmidt unverzüglich Ratschläge erteilt
haben muß. Schmidt am 26.02.1955 an Kreuder:

> Zeitungsartikel=Arbeit: ich kürze augenblicklich, ent-

---

(1) Briefliche Mitteilung Ernst Krawehls an mich vom 13.3.1984
(2) S. Brief Schmidts an Andersch vom 1.3.1955. In: BAN, S.50

sprechend Ihrem Rat, die alten auf eine Länge von 2 - 3
Seiten; anschliessend werde ich versuchen, mich in Kurzgeschichten zu üben.

Die hier angesprochene "Länge von 2 - 3 Seiten" ist wiederum
ein Hinweis auf das oben beschriebene Rezept Kreuders: Nicht
große Essays zu präsentieren, sondern kleine, anspruchslose
Füllsel anzubieten.

In den Anfangsmonaten des Jahres 1955 konnte sich Schmidt
nur nebenbei mit Zeitungsartikeln beschäftigen; bis zum 24.4.
1955 arbeitete er an seinem Roman "Das steinerne Herz". Doch
gleich nach Abschluß des Buches verspricht er Kreuder in einem
Brief vom 25.04.1955, er wolle sich "nun nach Ihren Anweisungen
intensiv mit der Anfertigung von Zeitungsartikeln beschäftigen."
Und Schmidt fährt fort:

> In kleinem Maasstabe habe ich bereits mit dem Versand be-
> gonnen: erst am 16.4.55 brachte die "Hannoversche Presse"
> einen Beitrag, "Einige Traumkunstwerke" (das "Einige" ist
> Zugabe eines besonders eifrigen Redakteurs!). Mit innigem
> Vergnügen sah ich über meinem Artikel Ihre Kurzgeschichte
> "Alteisen und Wasserflöhe" - auch äusserlich, symbolisch,
> unsere Zusammengehörigkeit dokumentierend.

Doch nicht nur der Versand mußte gesteigert werden, sondern
auch die verfügbare Menge von Zeitungsartikeln. Schmidt brauchte
ein größeres Reservoir, auf das er besonders in jenen Zeiten zurückgreifen konnte, in denen er sich nicht mit Brotarbeiten,
sondern mit seinen "eigentlichen Werken" beschäftigte.

Vom Frühjahr 1955 an schrieb er einen Großteil seiner
kleineren Zeitungsartikel, denn im Januar 1956 teilt er Werner
Steinberg mit, "rund 70 Zeitungsartikel und =geschichten"[1]
geschrieben zu haben. Doch nie ohne Schwierigkeiten, besonders
was Kurzgeschichten betraf; "versuchen" und "üben" sind zwei
Verben, die er immer wieder im Zusammenhang mit Zeitungsartikel-
arbeit erwähnt. So auch in einem Brief an Kreuder vom 10.07.
1955. Da heißt es beispielsweise:

---

(1) Brief Schmidts an Werner Steinberg vom 23.01.1956. In:
    BST, S. 24

Ich versuche nach Ihrem Rezept Zeitungsartikel zu ver-
fertigen; die Kurzgeschichten allerdings gelingen mir
- natürlich! - noch längst nicht, das erfordert eben alles Übung, worüber ich mir ja auch von Anfang an klar
war.

Und in einem Brief an Andersch vom 18.7.1955 bekennt Schmidt:

Kurzgeschichten liegen mir eigentlich nicht; aber ich
werde mir auch darin ein verkäufliches Niveau zu er-
üben versuchen. (1)

Doch Schmidt betreibt hier Tiefstapelei; denn schon am 23.7.
1955 erschien seine erste Kurzgeschichte, im September des-
selben Jahres folgten zwei weitere.

Erste finanzielle Erfolge stellten sich ein, die sich aus
heutiger Sicht freilich bescheiden ausnehmen. Immerhin berichtet
Schmidt in dem Brief an Andersch vom 18.7.1955, er habe im Juni
160 DM durch Zeitungsartikel verdient, "50% mehr, als meine
höchste Dichtereinnahme : bei anhaltendem Fleiß zweifele ich
nicht, im Laufe der Zeit das Einkommen eines Arbeitslosen zu
erreichen."[2] Am 04.09.1955 kann Schmidt erfreut Kreuder melden:

Der Zeitungsversand, den Sie mich gelehrt haben - und den
ich ohne Ihre Beratung nie in diesem Maasstabe durchzu-
führen gewagt hätte! - floriert - d.h. ich löse jeden
Monat zu meiner immer neuen, freudigsten Überraschung
mindestens 50-100 DM daraus!

Bis Ende der fünfziger Jahre arbeitete Schmidt nach dem
Rezept Kreuders und beschickte die Zeitungen mit kleinen Beiträgen; mittlerweile mischten sich aber unter die anspruchs-
losen Füllsel auch längere und bessere Beiträge. Ab 1960
wurden Schmidts Zeitungsartikel von ihrer Anzahl her geringer,
der Umfang der einzelnen Beiträge nahm aber erheblich zu, so daß
von "Verlegenheitslösungen" überhaupt gar keine Rede mehr sein
konnte.

---

(1) BAN, S. 63
(2) BAN, S. 63

Schmidt zeigte sich gegenüber Kreuder dankbar, denn der
pressekundige Kollege hatte ihm die entscheidenden Anregungen
und Hilfen für seine Zeitungsarbeit gegeben. 1955 widmete er
Kreuder die Erzählung "Kosmas". Und auch seinerseits wollte
er Kreuder 'finanziell' unter die Arme greifen:

> Schmidt wollte sich revanchieren und Kreuder ein längeres
> Nachtprogramm, das ihm angetragen war, zuschustern. Nach
> einem ersten Augenblick der Freude wich Kreuder schnell
> vom Platze, als er erfuhr, daß er dazu aber die 20 oder
> 25 Bände jenes zu behandelnden Oeuvres erstmal durchzu-
> gehen habe, Herder o.ä. Das war nichts für diesen Freund
> lässig bequemer surrealer Intuition. (1)

Diese Anekdote leitet uns über zu den Differenzen, die es
zwischen Schmidt und Kreuder gab. Zum ersten Mal wurden sie sichtbar, als es 1955 um eine mögliche Beteiligung Kreuders an der
Zeitschrift TEXTE UND ZEICHEN ging. Ihr Herausgeber, Alfred
Andersch, zögerte, ohne Vorbehalt Beiträge von Kreuder anzunehmen. Er hielt Kreuder für einen "Anti-Realisten", "der jahrelang einen gehässigen Kampf gegen die Realisten geführt"[2] habe.
In einem undatierten Briefentwurf pflichtet Schmidt der Kritik
Anderschs ausdrücklich bei.[3] An Kreuder schreibt Schmidt am 21.
02.1955 vermittelnd:

> Alfred Andersch hat mir inzwischen auch (betr. eine Betei-
> ligung Ihrerseits an "Texte & Zeichen") geantwortet : er
> ist durchaus nicht der Letzte, Ihre Bedeutung als Künstler
> anzuerkennen. Aber - und das ist schliesslich nur eine
> andere Formulierung meines Urteils, dass Sie den Politikern
> und Technikern in viel zu edlem Unwillen das Feld überliessen
> - er behauptet in positiver Wendung, dass Sie durch Ihren
> Feldzug gegen den Realismus (natürlich völlig ungewollt) die
> Geschäfte der Reaktion und Restauration besorgt hätten. Mit
> Freuden hat auch er in "Herein" ["Herein ohne anzuklopfen". Ro-
> man Kreuders von 1954. W.R.] die handfesteren schärferen Wen-
> dungen gegen Militarismus etc. bemerkt, und ist nicht abge-
> neigt, ähnliches vorabzudrucken; nur müsse er sich - bei
> seiner wohltuend scharf ausgeprägten "Richtung" - die Ab-

---

(1) Briefliche Mitteilung Ernst Krawehls an mich vom 13.3.1984
(2) Brief Anderschs an Schmidt vom 16.2.1955. BAN, S. 45
(3) BAN, S. 45

lehnung eines allzu divergenten Beitrages vorbehalten. - :
Ich wage nicht, Ihnen zu raten, was hier zu tun sei; abgesehen davon, dass es sich ja um ausgesprochene und nur ganz
persönlich zu beantwortende Fragen dichterischer Grundhaltung handelt, wäre es läppisch und arrogant, wenn ich Ihnen,
dem so viel älteren und versierteren Kollegen, ungewaschenen
Rat erteilen wollte. -

Die Ergebenheit, die man aus Schmidts schlichtenden Worten unschwer herauslesen kann, reflektiert auf eindrucksvolle Weise
das damalige Verhältnis zu Kreuder. Kritischen Bemerkungen geht
Schmidt nach Möglichkeit aus dem Wege. Und auch noch 1958 zählt
er Kreuder neben Döblin und Jahnn zu den "besten deutschsprachigen Autoren"[1]. Doch das persönliche Verhältnis zu Kreuder,
der andere Lebensgewohnheiten und Arbeitsmethoden als Schmidt
hatte, gestaltete sich offenbar nicht besonders produktiv, als
Schmidt im September 1955 nach Darmstadt zog. Kreuders Freund
Georg Hensel meint:

> [..] die beiden konnten auf die Dauer unmöglich miteinander
> auskommen. Dabei sind sie sich doch ähnlicher, als es auf
> den ersten Blick aussehen mag. Viel besser als Schmidt, der
> sich in Darmstadt (wie er behauptete) ausschließlich von
> Reis und Corned Beef ernährte: der Reis wurde einmal in der
> Woche gekocht, jeden Tag aufgewärmt und dazu eine Büchse
> Corned Beef geöffnet - viel besser als Schmidt hat auch
> Kreuder nicht gelebt, aber immerhin hätte er gern und hat
> sich seine Lieblingsessen in seinen Büchern zusammengeschrie-
> ben. [..] Beide waren sie Einsiedler, dem Aufruf "Einsiedler,
> erscheint in Massen!" wäre allerdings nur Kreuder gern ge-
> folgt. Für "Freundschaft" waren beide höchst ungeeignet, ob-
> wohl Kreuder in diesem Punkt auf dem Gegenteil bestanden
> hätte. (2)

Beendet wurde die Beziehung zwischen Schmidt und Kreuder
durch eine Rezension, die Schmidt auf Kreuders Drängen hin
schrieb. Er besprach am 28.10.1959 Kreuders Roman "Agimos oder
die Weltgehilfen" in der Hamburger ANDEREN ZEITUNG. Kreuder,
der 1953 Schmidts Roman "Aus dem Leben eines Fauns" wohlwollend

---

(1) Arno Schmidt: DYA NA SORE. Gespräche in einer Bibliothek.
    Frankfurt a.M., 1985, S. 122. (Reprint der von Arno Schmidt
    autorisierten Erstausg. von 1958.) Im Erstdruck dieser Er-
    zählung (TEXTE UND ZEICHEN, 1957, Heft 3, S. 246) wird Kreu-
    der übrigens nicht genannt!
(2) Briefliche Mitteilung Georg Hensels an mich vom 14.9.1985

besprochen hatte, wünschte sich vielleicht eine Gefälligkeits-
rezension; heraus kam allerdings ein Verriß, bei dessen Lektüre
man den Eindruck nie ganz los wird, als äußere sich hier auch
ein lange angestauter ganz persönlicher Unmut Schmidts über
Kreuders Lebenseinstellung. Da die Rezension die wichtigsten
Differenzen zwischen Kreuder und Schmidt plastisch vor Augen
führt, sei sie hier abschließend kurz vorgestellt:

Schmidt leitet seine Besprechung mit der schwammigen Bemerkung ein, das Buch sei "nicht unbedeutend", und fährt fort:
"Wenn wir nur jedes Jahr eine Ernte von 20 solchen Stücken auf-
zuweisen hätten; dann könnten wir uns doch mit Grund einbilden,
etwas vor der DDR vorauszuhaben - leider haben wir sie nicht."[1]
Die sprachlichen Qualitäten des Buches liegen über dem Durch-
schnitt und unter der "Prosagenialität" eines James Joyce.
Schmidt lobt Kreuders "Kleinsteinfälle", die "von einer skur-
rilen Vollkommenheit" seien. Er würdigt die "Pflanzennamen, so
rar, daß man annehmen könnte, die schweigsamen Wesen hätten sie
sich selbst gegeben." Schmidt hebt hervor, daß es sich hier
keineswegs "nur um vereinzelte feine Bemerkungen" handele, "sondern um eine wirkliche Fülle." Die "Fülle" präsentiert Schmidt
dem Leser aber im weiteren Verlauf der Rezension nicht, sondern
nach dieser kurz lobenden Einleitung kommen die ersten Bedenken.

Das Buch sei "hoffnungslos n i c h t - gebaut", einzelne
Passagen untereinander beliebig austauschbar, dazu von einer
"Kurzgeschichten-Betriebsamkeit" durchdrungen, "die keine 'Form'
ergibt, kein Buch, sondern nur Italienischen Salat." Skeptisch
werden von Schmidt die Namen der Helden registriert, die "nicht
Max, Karl oder Paul" heißen, "sondern Hieronymos, Nikodemus,
Archibald und Berenice." Dahinter vermutet Schmidt eine "verdammt dubiose" Weltanschauung. Noch mehr ärgert ihn allerdings,
daß die Helden entweder als "mystisch Fastende" dargestellt

_____

(1) Arno Schmidt: Bedeutend; aber ... DIE ANDERE ZEITUNG, 5.
    Oktober-Ausgabe (28.10.1959) 1959. Alle weiteren Zitate be-
    ziehen sich, wenn nicht anders angegeben, auf diese Publika-
    tion.

werden - "sie wären ja sonst auch zu dick geworden", bemerkt
Schmidt ironisch - oder aber, was und welche Mengen sie ver-
speisen. Schmidt hat genau aufgepaßt: " [...] im ganzen Buch
kommt nicht einmal 'Corned Beef' vor, auf das man als fleißiger
Intellektueller ja entscheidend angewiesen ist."[1] Aber was heißt
hier "fleißiger Intellektueller"? "Die Helden sind sämtlich
Schöngeister, die gegen die Technik deklamieren [...] ." Und sie
sind alles andere als fleißig: " [...] im ganzen 400-Seiten-Buch
a r b e i t e t   k e i n   M e n s c h! Nicht "Weltgehilfen"
sehen wir, wohl aber Weltschmarotzer." Im feinsinnigen Müßiggang
der Helden und in ihrer weltfremden Technikfeindlichkeit sieht
Schmidt eine "gefühllose Mißachtung der schwer Arbeitenden,
gleichviel ob Arbeiter ob Techniker [...] ."

Politisch gesehen hält Schmidt Kreuder zwar für einen "guten
linken Mann". Aber dem Roman fehlen die aktuellen politischen
und mutigen Fragestellungen. Wo findet sich zum Beispiel "das
Problem aller Probleme [...] : die sorgliche   Betrachtung [...]
der Bildung des neuen deutschsprachigen Teilstaates im Osten,
gekontert mit den dubiosen Praktiken unserer einheimischen
Bundesregierung?" Und das politische "Allheilmittel" Kreuders,
"die Massenherstellung und Verteilung von wacker-tapferen Kleinst-
drucksachen", hält Schmidt für vollkommen unrealistisch.[2] Das
Volk sei weder manipuliert noch zu beeinflussen und wähle sich
ganz bewußt seine Regierung.

---

(1) Von Dickens Helden bemerkt Schmidt einmal: "Wie essen &
    trinken seine Gestalten nicht! Aber haben Sie jemals daran
    gedacht, daß vielleicht eben deswegen der Verfasser ein be-
    sonderer Lieblings-Vertrauter des Hungers sein könnte?"
    Arno Schmidt: Der Triton mit dem Sonnenschirm. A.a.O., S. 106
(2) "4 Wochen vor der Wahl erhält jeder Wähler von staatswegen
    eine Broschüre : darin stehen jeder zugelassenen Partei [...]
    3 Seiten zur Verfügung, um nach Belieben ihr Programm zu
    entwickeln (und das der Konkurrenz zu zerpflücken)." Arno
    Schmidt: Das steinerne Herz. Historischer Roman aus dem
    Jahre 1954. Frankfurt a.M., 1985, S. 168. (Reprint der von
    Arno Schmidt autorisierten Erstausg. von 1956.)

"Unendlichkeitsfimmel", "dieses verfluchte - übrigens typisch christliche - Wichtignehmen der eigenen Seele", die "Al-
ters f r e c h h e i t" dreier im Roman auftretender Männer, die
Illusion, es gäbe so etwas wie Weisheit, all das nimmt Schmidt
kopfschüttelnd-ablehnend zur Kenntnis. Er kommt zu diesem ver-
nichtendem Resultat:

> Kreuder, im echten Verein mit all seinen dunkelmännischen,
> gott-vergifteten, Vorgängern s c h e i n t Geheimnisse auszu-
> sprechen; er s c h e i n t Lösungen anzubieten, s c h e i n t
> Handlungsweisen zu empfehlen - in Wahrheit weicht er den
> Erfordernissen des täglichen Lebens aus. Niemand, zumal
> den, aufs achtungswürdigste, Rat suchenden jüngeren Lesern,
> gibt er einen Anhalt, eine Regel, wie man sich als Sohn,
> Gatte, Vater, Arbeiter, Bürger a l s o a l s M e n s c h, ver-
> halten solle! Von diesem Standpunkt aus betrachtet, ist
> es unglaublich, wie leer die artigen Anekdötchen sind!

Oder mit anderen Worten: Kreuder verfehlt seine Aufgaben als
Schriftsteller ganz und gar. Die Rezension endet mit einer
ebenso allgemeinen Formel, wie sie begann: "Die Welt ist groß
genug, daß wir Beide darin Unrecht haben können!"

Schmidt wollte durch diese Rezension keinen Bruch mit Kreuder herbeiführen. Er schickte ihm die Besprechung mit dem aus-
drücklichen Hinweis, daß es sich hier nicht um eine Rezension,
als vielmehr um "Grundsatzfragen" handele. Doch diese "Grundsatzfragen" hat Kreuder offensichtlich als persönlichen Affront
empfunden. Er antwortete Schmidt nicht mehr.

2.3   Schmidts Arbeit für Zeitungen: Wirkung und Bedingungen.

2.3.1   Resonanz

> [..] gequält von oft zurückge-
> wiesenen Brotarbeiten[..] . (1)

Im Nachlaß Schmidts haben sich leider nur wenig Briefe
von Schmidt an Zeitungen erhalten. Das betrifft besonders die
fünfziger Jahre, in denen er sich vermutlich aus Papier-, bzw.
Geldmangel keine Durchschläge machen konnte. Was sich vorfindet,
sind hauptsächlich Briefe von Redakteuren, vorgedruckte Ablehn-
ungskärtchen von Zeitungen, Honorarabrechnungen und ein paar
Briefe von Alice Schmidt. Aber die umfangreiche Post von Zeitungen wirft ein erhellendes Licht auf Schmidts "journalistische"
Aktivitäten und auf die Schwierigkeiten, denen er notgedrungen
begegnen mußte.[2]

Wie frustrierend das Geschäft mit Zeitungen war, zeigen
zunächst die zahlreichen Vordrucke, auf denen kurz beschieden
wird: "Vielen Dank für Ihre Einsendung. Leider haben wir keine
Verwendung dafür!" Arno und Alice Schmidt haben auf diesen Vor-
drucken einigemal vermerkt, wann welche Beiträge an die betreffende Zeitung abgegangen waren. Den Zeitungen wurden pro Sendung meist mehrere Arbeiten angeboten. Wie wenig Interesse an
ihnen bestand, soll im folgenden eine Übersicht derjenigen
Zeitungen belegen, die - obwohl es Schmidt häufiger versuchte -
gar nichts von ihm akzeptierten. Auch sie dokumentieren neben
der Bibliographie das Ausmaß der feuilletonistischen Tätigkeit

---

(1) Arno Schmidt: Berechnungen III. In: NEUE RUNDSCHAU, 91. Jg.,
    Heft 1, 1980, S. 17
(2) Schmidts Korrespondenz mit Zeitungen, auf die ich im gesamten
    Kapitel 2.3 zurückgreife, befindet sich im Archiv der Arno-
    Schmidt-Stiftung Bargfeld. Bei Zitaten aus Briefen an oder
    von Schmidt handelt es sich, wenn nicht anders vermerkt,
    immer um Bargfelder Archivmaterial. Daher verzichte ich im
    folgenden auf diese Besitzermarginalie!

Schmidts. Wo Arno oder Alice Schmidt ein Datum auf die Ab-
lehnungskarten geschrieben haben, läßt sich der Zeitraum der
Einsendung genau bestimmen. Der Rest dürfte aus der Zeit von
1955 bis 1957 stammen.

Zeitungen	Zeitraum der Einsendungen	Anzahl der Ablehnungen
TELEGRAF (Berlin)	08.03.55 - 25.07.56	6
BRAUNSCHWEIGER ZEITUNG	08.03.55 - 27.07.56	4
MANNHEIMER MORGEN	22.03.55 - 27.02.56	3
STUTTGARTER NACHRICHTEN	24.03.55 - 26.07.56	9
GÖTTINGER TAGEBLATT	18.04.55 - 06.08.56	3
ABENDPOST (Frankfurt)	26.04.55	1
BADISCHE ZEITUNG	03.05.55 - 03.08.56	3
BADISCHE ALLGEMEINE ZEITUNG	06.06.55	1
FLENSBURGER TAGBLATT	14.06.55 - 09.08.56	2
HAMBURGER ABENDBLATT	10.11.55 - 25.07.56	3
DER MITTAG (Düsseldorf)	ca. 1955 - 1957	1
KIELER NACHRICHTEN	"	3
RHEIN ZEITUNG	"	1
SÜDKURIER KONSTANZ	"	4
LÜBECKER NACHRICHTEN	"	1
ALLGEMEINE ZEITUNG (Mainz)	"	1
SCHWARZWÄLDER BOTE (Oberndorf am Neckar)	"	4
NORDWEST ZEITUNG	"	4
HAMBURGER ECHO	"	2
HAMBURGER MORGENPOST	"	2
PASSAUER NEUE PRESSE	"	3
WETZLARER NEUE ZEITUNG	"	7
HEILBRONNER STIMME	"	3
SÜDWEST PRESSE	"	3

Die Vielfalt dieser Zeitungen zeigt, daß es Schmidt nicht
interessierte, welche politische Richtung die Blätter verfochten,
welche journalistischen Qualitäten sie besaßen und von wem sie
gelesen wurden. Regionale Schwerpunkte spielen keine Rolle. Um
einen bestimmten Posten von Beiträgen loszuwerden, mußte Schmidt
es überall versuchen. Mit welcher Hartnäckigkeit er trotz "oft
zurückgewiesener Brotarbeiten" immer wieder Beiträge anbot, überrascht doch einigermaßen und macht deutlich, mit welcher Energie
Arno und Alice Schmidt diese Erwerbsquelle zu nutzen versuchten.
Denn welcher Vorschuß an Arbeit mußte investiert werden, um zu
testen, bei welchen Zeitungen man mit einer relativ festen Abnahme rechnen konnte. Die Artikel mußten ja nicht nur verfaßt,
sondern auch immer wieder abgeschrieben und verschickt werden.

Das Vervielfältigen und Versenden der Zeitungsartikel war wohl
ausschließlich Alice Schmidts Arbeit. Denn schaut man sich die
obigen Daten genau an, so stellt man fest, daß die ersten Ein-
sendungen aus dem März 1955 stammen, während Arno Schmidt mit
der Niederschrift seines Romans "Das steinerne Herz" beschäftigt
war.[1] Doch Schmidt muß auch während seiner Arbeit am "eigentlichen Werk" Zeitungsartikel geschrieben und redigiert haben.[2]

War bisher nur von Zeitungen die Rede, die Schmidt mehrfach
vergeblich anschrieb, so heißt das nicht, daß Zeitungen, die
mal etwas von Schmidt gedruckt hatten, seine weiteren Angebote
freudig begrüßten. Im Gegenteil. Die Zahl der Ablehnungen steht
hier oft in keinem Verhältnis zur Anzahl der gedruckten Artikel.
Zwei Beispiele: 1955 druckte die WELT DER ARBEIT drei kleine
Aufsätze Schmidts; von 1955 bis 1959 wandte sich Schmidt dreizehn-
mal vergeblich an die WELT DER ARBEIT. Die HESSISCHEN NACHRICHTEN
akzeptierten am 05.03.1956 Schmidts Kurzerzählung "Lustig ist
das Zigeunerleben".[3] Neunmal lehnten sie aber von 1955 bis 1958
verschiedene Beiträge Schmidts ab!

Etwa ab 1957 hatte Schmidt einige Zeitungen gefunden, bei
denen er mit einer relativ festen Abnahme seiner Artikel rechnen
konnte. Das wahllos testende Anschreiben von Zeitungen wurde damit immer hinfälliger. Aber selbst seine "Stammkundschaft" –
Zeitungen wie die FULDAER VOLKSZEITUNG oder DIE ANDERE ZEITUNG –
nahm nicht alles, was er anbot. Damit komme ich nun zu den etwas
ausführlicheren Ablehnungen.

Allgemein wird natürlich oft angeführt, das Feuilleton sei
räumlich begrenzt, die eingesandten Beiträge folglich zu lang.
Was Kurzerzählungen betrifft, so könne man nur selten dichterische Prosa bringen. Gelegentlich kommen Beiträge auch zurück,
weil man nicht weiß, wo man sie in der Zeitung unterbringen soll.
Schmidts Beitrag "Griechisches Feuer" wird so vom Bremer WESER-

---

(1) Am 25.04.1955 teilt Schmidt Werner Steinberg mit, "erst
    gestern" mit der Reinschrift des "Steinernen Herz" fertig
    geworden zu sein. BST, S. 15
(2) Was er später nicht mehr tat. Siehe S. 59 dieser Arbeit!
(3) Dieser Beitrag in den HESSISCHEN NACHRICHTEN konnte von mir
    bislang noch nicht nachgewiesen werden.

KURIER am 27.09.1956 zurückgeschickt, weil er in kein Ressort
der Zeitung paßt. Manfred Delling vom HAMBURGER ANZEIGER
schreibt am 20.10.1954 an Schmidt: "Was den 'Kriegshafen
Altenbruch' betrifft, so ist das natürlich ein Thema, was so
gar nicht ins Feuilleton paßt." Außerdem stößt sich Delling
an dem nach seinem Dafürhalten "remilitaristischen" Inhalt des
Artikels. Schmidt reagiert auf die Ablehnung mit Verärgerung
und teilt Delling am 24.10.1954 mit:

> Ich kann natürlich verstehen, wenn Sie einige Beiträge
> wegen übermässiger Länge ablehnen; was Sie aber gegen den
> kurzen "Kriegshafen Altenbruch" haben konnten, ist mir,
> offen gestanden, nicht verständlich. Vor allem nicht Ihr
> Beiwort "remilitaristisch"; denn es handelt sich ja
> schliesslich um ein rein historisches Thema, aus napoleo-
> nischer Zeit, auf rein archivalischer Grundlage. Zudem
> habe ich im letzten Absatz des kleinen Artikels ja auch
> noch ausdrücklich ein Zitat gegen Remilitarisierung ge-
> geben.- Wenn Sie meine Bücher kennen, müssten Sie ja auch
> wissen, dass ich der vielleicht konsequenteste Antimilita-
> rist unserer Zeit bin. - Also diese Begründung war mir un-
> verständlich.

Das ist eins der seltenen Beispiele dafür, wie empfindlich
Schmidt auf eine Ablehnung reagieren konnte. Doch ist nicht anzunehmen, daß er jedesmal so ausführlich antwortete.

Viele Briefe von Redakteuren gehen erwartungsgemäß auf die
Qualität von Schmidts Beiträgen ein. Manches erscheint ihnen
"zu kompliziert" oder "zu philologisch". Heinrich Dittmar von
der NEUEN-RUHR-ZEITUNG bringt diesen Umstand in einem Brief an
Schmidt vom 15.08.1957 auf folgenden Nenner: "Während wir ge-
wissermaßen Vollkornbrot servieren wollen, bieten Sie uns Baum-
kuchen an." Weder ein wissenschaftlicher oder hoher Anspruch
noch ein Sinn für Feinheiten waren den Zeitungen genehm.

Vollkommen verständnislos reagiert ein Redakteur der WELT
auf den Beitrag "Martern aller Art" und läßt Schmidt am 21.03.
1955 wissen: "Er gehört zu denen, die man gerne liest, bei denen
man am Schluß aber dann fragt: "Ja und?"" Als ungeeignet für
eine Tageszeitung befindet DIE WELT am 03.03.1959 Schmidts Beiträge "Die reisenden Damen", "Geschichten von der Insel Man"

und "Schulausflug". Sie schickt Schmidt diese kleinen Erzählungen mit dem aufrichtigen Kommentar zurück: "Wir müssen in
einer Tageszeitung ja doch noch andere Gesichtspunkte berücksichtigen, als eine Zeitschrift - oder ehrlicher ausgedrückt:
Ihre Arbeiten sind noch zu experimentell." Dem Leser kann also
nur leichteste Kost angeboten werden. Neben dem jeweiligen
Interesse oder Auffassungsvermögen eines Feuilletonredakteurs
wird der Leser der Zeitung oft direkt ins Spiel gebracht. Was
kann ihm zugemutet werden und was nicht? Es sind ausgerechnet
Schmidts Kurzerzählungen, die im Interesse der Zeitungsleser
immer wieder abgelehnt werden. Die Erzählung "Schlüsseltausch",
aber auch die Übersetzung "Blenheim" bekommt Schmidt am 15.05.
1958 vom Berliner TAGESSPIEGEL mit der Bemerkung zurück, daß
die Mitarbeiter der Zeitung mit einer "Abneigung unserer Leser
gegen die Begriffe 'skurril' und 'grausam' rechnen müßten."
Der KÖLNER-STADT-ANZEIGER meint am 01.06.1956 sogar: "Ihre
'Geschichte auf dem Rücken erzählt' können wir leider unserer
Leserschaft doch nicht zumuten. Die guten Leute würden uns
Schwierigkeiten machen." Zugemutet hat der KÖLNER-STADT-ANZEIGER
allerdings seinen Lesern am 15.05.1956 Schmidts Erzählung "Die
lange Grete", eine Erzählung, die die WESTFÄLISCHE RUNDSCHAU
wiederum Schmidt am 29.02.1956 zurücksendet, da sie in ihrem
"Stil zu weit von den Erfordernissen der Tageszeitung abweicht."
Am 21.06.1960 lehnt der Bremer WESER-KURIER Schmidts Erzählung
"Nachbarin, Tod und Solidus" ab, "da wir nicht annehmen dürfen,
daß die hiesige, etwas konservative Bremer Leserschaft in größerem
Maße das Verständnis dafür aufbringen würde." Diese Erzählung
war auch 1957 einmal Gegenstand einer hitzigen Debatte in der
Feuilletonredaktion der SÜDDEUTSCHEN ZEITUNG. Der zuständige
Redakteur hätte sie gerne gebracht, mußte sein Vorhaben aber
aufgrund von Protesten in der Redaktion aufgeben, wie er am
22.02.1957 an Schmidt schreibt.

Auch noch zu Beginn der sechziger Jahre hatte Schmidt Probleme, Erzählungen in der Presse unterzubringen. So lehnt R.W.
Leonhardt von der ZEIT am 19.07.1960 "Nebenmond und rosa Augen"
mit der Begründung ab: "Dieses stellt unsere Setzer und auch
einige gutgewillte Zeitungsleser auf eine zu harte Probe. Darf

ich's zurückschicken, ohne damit den Born zum Versiegen zu
bringen?" Und am 30.03.1961 - Schmidt hatte die Erzählung "Der
Sonn' entgegen..." eingesandt - schreibt Leonhardt: "Ein wenig
zu lang gehen Sie mir "der Sonn' entgegen...". Daß man die
Wirkung erst nach zwölf Stunden merkt, mag einem im Buch gedruckten Lesestück die rechte Würze geben - für Zeitungsleser
ist es tödlich." Beide von der ZEIT abgelehnten Erzählungen
druckte dann KONKRET, die zwar auch Schmidts Geschichten "Die
Wasserstraße" und "Kundisches Geschirr" ablehnte, allerdings
aus finanziellen Erwägungen.

Sind die zuletzt genannten "Kühe in Halbtrauer"-Geschichten
in der Tat kompliziert gebaute und nicht unbedingt leicht zu
lesende Erzählwerke, so trifft das auf die bedeutend kürzeren
Erzählungen der fünfziger Jahre nur in Maßen zu. Hier war der
Grundtenor der meisten Ablehnungen: Als "für ein biederes Zeitungsfeuilleton doch nicht so ganz geeignet", wie es der Redakteur des Berliner TAGESSPIEGEL Wolf Jobst Siedler in einem Brief
an Schmidt vom 04.08.1958 formuliert. Das muß jeden, der die betreffenden Erzählungen kennt - zum großen Teil sind sie ja in
Schmidts "Trommler beim Zaren" abgedruckt - überraschen. Denn
in ihrer Harmlosigkeit sprengen sie keinesfalls den Rahmen eines
"biederen Zeitungsfeuilleton", das Vergleichbares auch von Autoren wie Böll, Kreuder oder Schnurre brachte. Ich vermute eher,
daß so mancher Redakteur seinem eigenen Vorurteil erlag, es handele sich bei Schmidts Arbeiten in jedem Fall um "experimentelle
Prosa", und daß dieses Vorurteil eine besondere Sensibilität
gegenüber Schmidts Texten erzeugte. Das Etikett "radikaler
Spracherneuerer", "Provokateur", "experimenteller Schriftsteller", das ihm im literarischen Leben der fünfziger Jahre auf-
geklebt wurde, konnte nicht ohne Einfluß auf die Urteilskraft
von Feuilletonredakteuren bleiben. Wie harmlos das war, was
Schmidt den Zeitungen anbot, und wie wenig es einen kritischen
Redakteur beeindruckte, zeigt ein ablehnendes Antwortschreiben
des ZEIT-Redakteurs Paul Hühnerfeld, der Schmidt am 31.07.1956
mitteilt: "[...] hiesse der Autor hier nicht Arno Schmidt, so
würden wir um einen Augenblick überlegen, ob wir diese gefällige
Sache nicht bringen sollten. Von Arno Schmidt sind wir Anderes,

Besseres, Problematischeres gewohnt." Georg Hensel vom DARM-
STÄDTER ECHO mißfiel ebenfalls die starke Diskrepanz zwischen
Zeitungsarbeiten und Schmidts "eigentlichen Werken".

> Es war nicht ganz einfach, bei Schmidt etwas zum Druck
> in einer Tageszeitung Geeignetes zu finden. Seine neuen
> Sachen hielt er streng geheim bis zum Buchdruck; seine
> alten Sachen, die er mir gab, waren wohl sehr alt und
> meist so sehr unter dem, was man damals unter Arno Schmidt
> verstand, daß ich mich ihrer ein bißchen schämte. Er,
> übrigens, nicht. (1)

> [...] bei Arno Schmidt hatte ich den Eindruck, daß er mir
> uralte Sachen anbot: banale Betrachtungen und als Kurzge-
> schichten aufbereitete Anekdoten, die irgendjemand ge-
> schrieben haben konnte. Ich hätte lieber eine Prosa ge-
> habt, die für den Schmidt des "Leviathan" typisch war,
> das aber wollte oder konnte er mir nicht geben. Seine Re-
> putation in Darmstadt war ihm gleichgültig, es kam ihm
> nur auf das Honorar an, und das war ja auch verständlich:
> er brauchte Geld, damit er an seinen literarischen Sachen
> weiterschreiben konnte. (2)

Damit beschließe ich den Abschnitt über die negative Re-
sonanz, die Schmidts Zeitungsartikel in den fünfziger Jahren
bei vielen Redaktionen hervorrief und komme zu den wenigen
Aufforderungen zur Mitarbeit. Manfred Delling vom HAMBURGER
ANZEIGER hatte Schmidt 1954 gebeten, an einer Umfrage zum Thema
Rechtschreibung teilzunehmen. Schmidt nahm die Chance wahr und
beschickte den HAMBURGER ANZEIGER daraufhin auch mit anderen
Beiträgen. Mitte der fünfziger Jahre forderte die WESTFÄLISCHE
RUNDSCHAU Zeitungsartikel an, Paul Hübner von der RHEINISCHEN
POST wünschte sich Zwei-Minuten-Prosa, Dr. Max Peter Maass
bat um Beiträge für das DARMSTÄDTER TAGBLATT und Gerhard Illgner
von der FULDAER VOLKSZEITUNG schrieb am 24.03.1955 an Schmidt,
man sei zwar "mit biografischen Beiträgen allzu üppig versorgt",
bäte aber um "literaturhistorische Arbeiten und feuilletonistische Essays über Zeiterscheinungen, also mit soziologischem
Hintergrund." Einladungen zur Mitarbeit kamen auch von Peter

---

(1) Briefliche Mitteilung Georg Hensels an mich vom 7.8.1984
(2) Briefliche Mitteilung Georg Hensels an mich vom 14.8.1984

Rühmkorf für KONKRET und Peter Härtling, der zu Beginn der
sechziger Jahre bei der DEUTSCHEN ZEITUNG arbeitete. Peter
Härtling erinnert sich:

> Seit dem "Leviathan" hatte ich alle Bücher Schmidts gleich
> nach ihrem Erscheinen begierig und aufgeregt gelesen und
> ich wünschte mir, er würde gelegentlich für die DZ schrei-
> ben. Mein Freund Helmut Heissenbüttel, der als Redakteur
> des "Radio-Essay" beim Süddeutschen Rundfunk regelmässig
> mit Schmidt zusammenarbeitete, ermunterte mich, ihn ein-
> zuladen. Ich kann mich nicht mehr erinnern, womit ich den
> Anfang machte. Häufig jedoch gab ich Themen vor. Zum Bei-
> spiel, eine vergessene, aber wichtige Literaturzeitschrift
> zu portraitieren oder Bemerkungen über den "Platz, an dem
> ich schreibe" zu schicken. (1)

In den sechziger Jahren nahmen die Anfragen nach Beiträgen
Schmidts für Zeitungen zu. Nun war es Schmidt, der öfters ab-
sagte oder absagen ließ. "Mein Mann pflegt an seinen Büchern
so intensiv zu arbeiten," schreibt Alice Schmidt am 21.04.1960
an Richard Wolf von der Frankfurter Studentenzeitung DISKUS,
"daß in dieser Zeit keine andere Arbeit entstehen kann. Und
mit bereits Veröffentlichtem ist Ihnen ja gerade für diese Nummer nicht gedient." Schmidt selbst teilt am 26.10.1963 Alfred
Kolleritsch, der ihn um einen Beitrag für eine Grazer Litera-
turzeitschrift gebeten hatte, mit: "Ich besitze einfach kein
unveröffentlichtes Manuskript; selbst große bundesdeutsche
Zeitungen drucken manchmal Zweitdrucke von mir. Mit schon Ge-
drucktem könnte ich Ihnen behilflich sein [..]." Das stimmte
allerdings nicht ganz, denn im Nachlaß Schmidts haben sich sehr
wohl einige unveröffentlichte Artikel aus den fünfziger und
frühen sechziger Jahren gefunden. 1963 kam von der Münchner
ABENDZEITUNG sogar das Angebot einer regelmäßigen Mitarbeit.
Doch auch diese Offerte schlägt Schmidt am 26.10.1963 aus:
"Aber Ihr freundliches Angebot, regelmäßig alle 4 Wochen als
Kolumnist in ihrer Zeitung zu erscheinen, muß ich schon jetzt
ablehnen." Schmidt hatte 1963 den geordneten Rückzug aus dem
"Pressegeschäft" angetreten.

---

(1) Briefliche Mitteilung Peter Härtlings an mich vom 5.9.1985

2.3.2   Honorare

Ich werde in diesem Kapitel die Frage nach der Honorierung
einzelner Zeitungsartikel Schmidts nur streifen, da mir umfangreiches Material dazu nicht vorliegt und ich nur auf wenige
Honorarabrechnungen zurückgreifen kann, die sich im Nachlaß
Schmidts fanden.

Die Zeilenhonorare haben sich - von ein paar Ausnahmen abgesehen - nicht stark voneinander unterschieden: Schmidt bekam
in den fünfziger Jahren beim DARMSTÄDTER ECHO und bei der FRANK-
FURTER RUNDSCHAU 30 Pfennig pro Zeile, bei der RHEINPFALZ 28,
beim WESER-KURIER 20 und bei der NEUEN WÜRTTEMBERGISCHEN ZEITUNG
19 Pfennig. Nur die RHEIN-NECKAR-ZEITUNG zahlte Schmidt 16 Pfennig pro Zeile. Sehr attraktiv nahm sich dagegen die FULDAER
VOLKSZEITUNG aus: "Die Honorierung - die Maubach gegen heftigen
Widerstand des Verlages durchzusetzen verstand - war für die
damalige Zeit fürstlich, nämlich fünfzig Pfennig pro Zeile [..]."[1]

Für die Monate August bis Dezember 1955 habe ich versucht,
den monatlichen Verdienst Schmidts durch Zeitungsartikel auszu-
rechnen. Wie bedeutend diese Honorare für den Gesamthaushalt
der Schmidts waren, läßt sich derzeit nur schwer bestimmen, da
keine genauen Angaben über die wirtschaftliche Situation Schmidts
Mitte der fünfziger Jahre vorliegen. Doch jeder kann sich nach
dem bisher Gesagten vorstellen, daß in einem Haushalt, in dem
jede Mark mehrfach umgedreht werden mußte, die Zeitungshonorare
mehr waren als nur ein "Zubrot" oder gar "Taschengeld". Aber
schauen wir uns die Zahlen an. Ich habe, da ich das damalige
Zeilenhonorar der WELT, der HANNOVERSCHEN PRESSE, der WEST-
FÄLISCHEN RUNDSCHAU und des AUFWÄRTS nicht kenne, bei diesen

---

(1) Briefliche Mitteilung Walter Gollbachs an mich vom 23.8.1984

Zeitungen einen Mittelwert von 25 Pfennig angenommen, für die
FULDAER VOLKSZEITUNG 50 Pfennig. Die mit einem Sternchen ver-
sehenen Angaben beruhen auf den im Bargfelder Nachlaß befindlichen Honorarabrechnungen.

05.08.1955	WESER-KURIER (Den eigenen Lorbeer...)	25.00*
12.08.1955	DIE RHEINPFALZ (Martern aller Art)	30.00*
15.08.1955	DIE WELT (Ich war wie besessen)	31.25
18.08.1955	AUFWÄRTS (Siebzehn sind zuviel)	46.75
27.08.1955	FULDAER VOLKSZEITUNG (Im Eifer...)	54.00
	August :	187.00
03.09.1955	HANNOVERSCHE PRESSE (Heulende Haus)	47.00
30.09.1955	WESTFÄLISCHE RUNDSCHAU (Ich bin...)	28.00
	September :	75.00
04.10.1955	WESER-KURIER (Wie sahen sie...)	25.00*
08.10.1955	FULDAER VOLKSZEITUNG (Man nehme...)	64.50
08.10.1955	DARMSTÄDTER ECHO (Doppelt destilliert)	39.00*
28.10.1955	FRANKFURTER RUNDSCHAU (Geschenkte...)	17.40*
	Oktober :	145.90
05.11.1955	FULDAER VOLKSZEITUNG (Der arme...)	66.00
	November :	66.00
03.12.1955	DARMSTÄDTER ECHO (Ich bin...)	30.25*
31.12.1955	DARMSTÄDTER ECHO (Kabbalistische...)	45.00*
	Dezember :	75.25

Von August bis Dezember 1955 verdiente Schmidt also etwa
550 DM an seinen Zeitungsartikeln, im Monat durchschnittlich
110 DM. Mit dieser uns heute bescheiden anmutenden Summe konnte
Schmidt immerhin die Miete seines Darmstädter Domizils finan-
zieren, die 1955 95 DM betrug.[1] Theoretisch zumindest, denn
ich gebe zu bedenken, daß diese Verdienstquelle kein regelmäßiges
Einkommen darstellte, mit dem man pro Monat fest rechnen konnte.

---

(1) Lebenszeichen im Arbeitsgehaste. Aus dem Briefwechsel Arno
& Alice Schmidts mit Wilhelm Michels. FRANKFURTER RUNDSCHAU,
29.11.1986

Einmal war nicht sicher, ob die Zeitungen Schmidts Artikel auch druckten, zweitens verzögerte sich die Geldüberweisung unter Umständen ganz erheblich. Am 09.01.1958 mahnt Schmidt die FULDAER VOLKSZEITUNG an, doch endlich das Honorar für fast ein Dutzend Beiträge des Jahres 1957 zu überweisen. In einem weiteren, nicht genau datierten Schreiben an die FULDAER Volkszeitung beklagt sich Schmidt, daß er für "teilweise schon seit Monaten zurückliegenden Feuilletonbeiträge noch kein Honorar erhalten" habe.

Werfen wir noch einen Blick in die sechziger Jahre. Sehr lukrativ war das Zeilenhonorar zweier überregionaler Zeitschriften, in denen Schmidt teilweise sehr umfangreiche Beiträge veröffentlichte: DIE ZEIT und die DEUTSCHE ZEITUNG. Dieter E. Zimmer von der ZEIT erinnert sich:

> Das Zeilenhonorar betrug, wenn ich mich recht entsinne, um 1960 70 Pfennig (pro Druckzeile à 45 Anschläge); im Laufe der Zeit stieg es dann auf 2 DM. Abrundungen nach oben waren in gewissem Maß möglich; ich schätze, daß Arno Schmidt immer das überhaupt mögliche Maximum erhalten hat. (1)

Und Peter Härtling schreibt rückblickend: "Aber das weiß ich genau: Er bekam nie das übliche Zeilenhonorar von 0,80 DM, sondern stets um einiges mehr."[2]

Ein letzter Punkt muß noch angesprochen werden: Von einigen Zeitschriften nahm Schmidt gar kein Honorar! Das betrifft zunächst den Vorläufer von KONKRET, den STUDENTEN-KURIER. Peter Rühmkorf: "Wie ich mich erinnere, wurde damals bei uns überhaupt nicht honoriert - es sei denn durch Überlassung von Freiexemplaren."[3] Tatsächlich verzichtete Schmidt von vornherein auf ein Geldhonorar, als er Rühmkorf den Funkessay "DYA NA SORE" anbot, dessen Abdruck er sich als "Einlageblatt" vorstellte.

> Als 'Honorar' erhalte ich 50 Exemplare dieses Einlageblattes. (Ich bekomme nämlich viele Leserbriefe; und da ich, aus Zeitmangel, immer nur sehr knapp antworten kann, lege ich den 'besseren' gern zum Ausgleich ein bezeichnendes gedrucktes Stück mit bei.) (4)

---

(1) Briefliche Mitteilung Dieter E. Zimmers an mich vom 2.11.1984
(2) Briefliche Mitteilung Peter Härtlings an mich vom 15.9.1985
(3) Briefliche Mitteilung Peter Rühmkorfs an mich vom 30.4.1984
(4) Brief Schmidts an Rühmkorf vom 11.03.1957. Besitzer: Peter Rühmkorf, Hamburg.

Material für "Öffentlichkeitsarbeit" und die Wirkung auf links-
orientierte Studentenkreise schienen Schmidt in diesem Fall
gewinnbringender als Geld. Von den anderen in Studentenblättern
publizierten Beiträgen ist ebenfalls nicht anzunehmen, daß
Schmidt mit einem nennenswerten Honorar rechnen konnte. Die Erzählung "Am Zaun", ein "Ableger des 'Steinernen Herzens', noch
ganz aus der gleichen Stimmung geschrieben"[1), hielt er für
Studentenzeitungen besonders geeignet, denn sie erschien im
STUDENTEN-KURIER, in der DARMSTÄDTER STUDENTENZEITUNG und in
SPUREN (Studentenzeitung Bonn). Auch den NACHRICHTEN DER NIEDER-
SÄCHSISCHEN VERMESSUNGS- UND KATASTERVERWALTUNG überließ Schmidt
1961 einen Beitrag gratis: " [..] gern gebe ich Ihnen die Erlaubnis, in ihrer guten Zeitschrift die 'VERSCHOBENEN KONTINENTE'
- und honorarfrei; versteht sich - wieder abzudrucken."[2) Waren
das denn überhaupt noch "Brotarbeiten", die honorarlos abgegeben
wurden? Im weitesten Sinne ist diese Frage zu bejahen, denn
Schmidt machte durch solche Publikationen natürlich Werbung für
sein Werk, gewann vielleicht Leser hinzu. Unter Studenten und
Vermessungsbeamten scheint er - überspitzt formuliert - mit be-
sonderer Vorliebe nach Lesern für seine Bücher gesucht zu haben.

---

(1) Brief Schmidts an Peter Rühmkorf vom 16.10.1956. Besitzer:
    Peter Rühmkorf, Hamburg.
(2) Undatierter Brief Schmidts an Kaspereit. In: NACHRICHTEN
    DER NIEDERSÄCHSISCHEN VERMESSUNGS- UND KATASTERVERWALTUNG,
    11. Jg., Nr. 4, (Hannover) Oktober 1961, S. 121

2.3.3   Textvarianten und Textbearbeitungen

Vergleicht man mehrfach abgedruckte Texte Schmidts miteinander, so stellt man immer wieder eine Unzahl kleinerer
und größerer Unterschiede fest; stammen diese Textänderungen
von Schmidt selbst oder von der redigierenden Hand eines Redakteurs?

Schmidt hat eigene Artikel gekürzt, wie er in einem Brief
an Kreuder vom 26.02.1955 mitteilt, unter anderem den Beitrag
"Finster war's, der Mond schien helle". Dieser war zuerst am
02.10.1954 im HAMBURGER ANZEIGER erschienen. Das DARMSTÄDTER
ECHO brachte am 30.04.1955 die von Schmidt gekürzte Version.
Ob Schmidt aber eine nochmalige Kürzung des Beitrages im WESER-
KURIER zu verantworten hat, ist sehr fraglich. Einerseits konnte
er nicht jeden Artikel für eine Zeitung neu bearbeiten, und
zweitens mußte er damit rechnen, daß Beiträge, die er als "Füllsel" anbot, je nach noch vorhandenem Platz um Sätze oder ganze
Abschnitte gekürzt wurden. Gerade wenn Schmidt unaufgefordert
Arbeiten an Zeitungen schickte, werden sich die Redakteure um
eine wort- und zeichengetreue Wiedergabe der Texte wenig beküm-
mert haben. Es geht im folgenden nicht nur um Kürzungen, sondern
auch um Textbearbeitungen durch Redakteure, die Schmidts Artikel
auf die Bedürfnisse ihrer Zeitungsleser zuschnitten. Diese Re-
daktionsarbeit ist zwar im Pressegeschäft üblich; aber es er-
übrigt sich fast zu sagen, daß Schmidt - gerade bei wichtigen
Arbeiten - mit derlei Textmanipulationen nicht einverstanden
sein konnte. Als der Berliner TAGESSPIEGEL im November 1958
Schmidt um einen Beitrag zur kulturellen und geistigen Situation
Deutschlands bittet, schickt Schmidt seinen Artikel am 17.11.
1958 mit den mahnenden Worten ein: "Sie dürfen das Stück weder
ändern, noch kürzen."[1] Schmidt hatte nämlich mit dem TAGES-

---

(1) Wolf Jobst Siedler vom TAGESSPIEGEL wollte die Arbeit nur
    gekürzt bringen, worauf Schmidt sie zurückzog.

SPIEGEL schon unangenehme Erfahrungen gemacht: Der hatte am
19.12.1956 Schmidts Kurzerzählung "Kleine graue Maus" unter
dem Titel "Große Herren wissen manches nicht" ohne Rücksprache
mit Schmidt gekürzt gebracht.

Einige häufig vorkommende Beispiele von Texteingriffen
möchte ich zunächst in kleiner Auswahl dokumentieren:
Überschriften werden oft geändert, Zwischentitel in den
Text eingefügt. Die Interpunktion wird normalisiert: Schmidt
verwendet oft die Kombination von Doppelpunkt und Gedankenstrich. Davon bleibt im Zeitungstext entweder nur das eine
oder das andere Zeichen übrig. Ebenso koppelt Schmidt gern
das Ausrufezeichen wie auch das Fragezeichen mit einem Gedankenstrich. Auch hier entscheidet man sich ausschließlich für ein
Zeichen. Wenn Schmidt zwei Sätze durch einen Doppelpunkt
"trennt" und in Kleinschreibung fortfährt, so tritt an die
Stelle des Doppelpunktes entweder ein Punkt, ein Semikolon
oder ein Komma. Selbst ein Semikolon wird oft durch einen
Punkt ersetzt, Zusammenhängendes so auseinandergerissen. Die
Schmidtsche Eigenart, zwei nebeneinander stehende Adjektive
mit einem Gedankenstrich oder Gleichheitszeichen zusammenzu-
schweißen, wird durch Weglassen des verbindenden Zeichens
einfach ignoriert. Tritt an deren Stelle gar ein trennendes
Komma, so wird die enge Zusammengehörigkeit schlicht ins Gegenteil verfälscht. Weiterhin: Worte, Satzteile oder ganze
Sätze, die durch Kursivdruck oder gesperrten Druck wiederge-
geben werden sollen, werden "normal" gesetzt. Aus einer "1"
wird "eins" , Zahlen mitunter fälschlicherweise ausgeschrieben,
das Zeichen "&" als "und" ausgeschrieben. Fremdwörter werden
- wenn möglich - weggelassen oder eingedeutscht. Daß damit gewisse Feinheiten verloren gehen, daß der Text an Kolorit verliert, an Eigenständigkeit und Originalität, wird man leicht
einsehen. So kann man eben nicht einfach aus "3500 raren
Büchern" "3500 seltene Bücher" machen und das bibliophile "rar"

durch das Allerweltswort "selten" ersetzen.[1]

Stellvertretend für viele grobe Eingriffe in Schmidts Texte möchte ich an dieser Stelle wenigstens ein willkürlich gewähltes Beispiel bringen, den Anfang von Schmidts Beitrag "Das schönere Europa"; in der linken Spalte findet man die Version der FULDAER VOLKSZEITUNG vom 01.06.1957, in der rechten "denselben" Text aus dem Bremer WESER-KURIER vom 15.05.1958, der überschrieben war mit "Das größere Europa der Gelehrten".

Es ist lange her, und die Anregung zur Einigung kam von niemandem weniger als von den Politikern; es war die scheinbar erdenfernste aller Wissenschaften, die Astronomie (die sich aber natürlich mit derb irdischen Interessen paaren mußte).
Vor 200 Jahren nämlich war man sich über das Urmeter aller astronomischen Rechnungen - die Entfernung der Erde von der Sonne, von der alle anderen dann abhängen - nichts weniger als klar. Wir wissen heute, daß sie 150 Millionen Kilometer beträgt; aber noch der große Kepler hatte auf etwa 30 getippt; um 1750 verwendete man Werte, die zwischen 75 und 100 lagen.
Und das scheinbar abstruse Problem hatte eine sehr ernsthafte praktische Seite: solange man diese wichtigste Maßeinheit nicht genau kannte, waren sämtliche Bahnbestimmungen des Mondes zur Unsicherheit verurteilt [..] .

Es ist lange her, und die Anregung zur Einigung kam von niemandem weniger als von den Politikern; sie ging vielmehr von der scheinbar erdenfernsten aller Wissenschaften aus, der Astronomie (die sich aber - natürlich - mit derb irdischen Interessen paaren mußte).
Vor 200 Jahren nämlich war man sich über das "Urmeter" aller astronomischen Rechnungen - die Entfernung der Erde von der Sonne, auf die alle anderen Distanzen dann bezogen werden - in keiner Weise klar. Wir wissen heute, daß es 150 Millionen Kilometer lang ist, aber noch der große Kepler hatte auf etwa 30 Millionen getippt. Um 1750 verwendete man Werte, die zwischen 75 und 100 Millionen lagen.
Das scheinbar belanglose Problem hatte eine sehr ernsthafte praktische Seite: solange man diese wichtigste Maßeinheit nicht genau kannte, waren sämtliche Bestimmungen der Mondbahnen unsicher.

Welcher Text gibt das Original, welcher die Bearbeitung wieder? Vergleicht man beide Fassungen mit Nachdrucken in anderen Zeitungen, so stellt man fest, daß der Text im WESER-KURIER die

(1) Vergleiche Schmidts Pape-Aufsatz in der HANNOVERSCHEN PRESSE vom 30./31.03.1957 und im WESER-KURIER vom 15.03. 1958. Letzterer Text ist um viele Stellen gekürzt und bearbeitet!

mit Abstand häufigsten und stärksten Abweichungen aufweist,
also bearbeitet ist, während die restlichen Abdrucke nahezu
identisch sind.

Für die Herausgabe der Zeitungsartikel in einer künftigen
Gesamtausgabe spielen diese Kürzungen und Bearbeitungen keine
Rolle. Was aber, wenn ein Zeitungstext gegenüber dem im Nachlaß vorhandenen Typoskript Ergänzungen aufweist? Es gibt beispielsweise eine Fassung der Erzählung "Auf dem Rücken erzählt"
(DARMSTÄDTER TAGBLATT, 02.11.1957), die gegenüber der nach
einem Durchschlag des im Bargfelder Nachlaß befindlichen Originaltyposkripts abgedruckten Fassung[1] um etliche Zeilen voll-
ständiger ist. Existiert das vollständige Typoskript gar nicht
mehr? Sowohl in "Der Schriftsteller und die Politik" (DIE ANDERE
ZEITUNG, 07.02.1957) als auch "In der Nachfolge des Jean Calas"
(FRANKFURTER RUNDSCHAU, 16.02.1957) kann man lesen: " [..] aber
ebenso gibt es gebürtige Schreckensmänner: wie mich, ganz recht."
Gerade dieses Schlußbekenntnis von vier Worten läßt sich im
Band "Deutsches Elend" nicht finden.[2] Die Zeitungsfassung von
"Ulysses in Deutschland" (FRANKFURTER ALLGEMEINE ZEITUNG, 26.
10.1957) hat zwei ganz anders lautende Schlußabsätze als die
vor einiger Zeit "nach einem Durchschlag des Originaltyposkripts"
veröffentlichte Fassung.[3] Woraus sich der Schluß ergibt, daß
die Typoskripte, die an Zeitungen gingen, durchaus kleine Zu-
sätze oder Änderungen von Schmidt enthielten.

Zurück zu Bearbeitungen von fremder Hand: Behutsam Änderungen an Schmidts Texten vorgenommen zu haben, daran erinnert
sich Dieter E. Zimmer von der ZEIT:

> Die Schwierigkeiten bei der Veröffentlichung von Beiträgen
> in der "Zeit" bestand vor allem, ja eigentlich einzig in
> deren unorthodoxem Schriftbild: seiner eigenwilligen
> Orthographie und Interpunktion, die weit abwich von dem

---

(1) Abgedruckt in: Der Rabe, Nr. 7, Zürich, 1984, S. 143ff.
    Diese kürzere Fassung ist wieder identisch mit der in der
    SÜDDEUTSCHEN ZEITUNG vom 12.05.1956.
(2) Arno Schmidt: Deutsches Elend. 13 Erklärungen zur Lage der
    Nation. Hrsg. von Bernd Rauschenbach. Zürich, 1984, S. 57
(3) Abgedruckt in: Der Rabe, Nr. 2, Zürich, 1983, S. 206ff.

sonst in der "Zeit" verbindlichen Standard. Die meisten
Manuskripte von Arno Schmidt sind vermutlich über meinen
Schreibtisch gegangen. Ich erinnere mich, sie redigiert zu
haben: hauptsächlich indem ich Orthographie und Interpunktion etwas, aber nicht total der Norm anglich. Die in
der "Zeit" veröffentlichten Texte markierten dann sozusagen
die Eigenwilligkeit nur noch. Schmidt hat gegen diese re-
daktionelle Behandlung übrigens niemals Einspruch erhoben.
Die Berechtigung zu einer gewissen vorsichtigen Normali-
sierung war das Sousentendu bei jener Zusammenarbeit. (1)

Das allerdings sah Schmidt damals ganz anders. In Briefen an die
ZEIT bittet er oft um einen genauen Abdruck seiner Beiträge. So
schreibt er am 12.10.1959 an Dieter E. Zimmer anläßlich der Veröffentlichung seines Artikels "Vom Iskander zum Alexander":

[..]wenn ich also '&' schreibe, darf der Setzer anstelle
solcher quick=kommerzieller Verbindung nicht ein bettel-
suppenarmes 'und' hinpflastern.

Am   08.02.1963 beschwert sich Schmidt bei R.W.Leonhardt von
der ZEIT:

Ich würde Ihnen wahrlich gern mehr Beiträge liefern -:
wenn Sie nur nicht stets den Umfang beanstandeten; und
auch meine Ortografie & Interpunktion passieren ließen.
Ich meine: Lob und Tadel fallen ja schließlich auf mich;
(und im Stillen für meschugge halten dürfen sie mich immer).

Peter Härtling von der DEUTSCHEN ZEITUNG achtete dagegen auf
einen exakten Abdruck der Artikel: "Nie wurde an seiner eigenwilligen Schreibweise etwas geändert. Selbst die Setzer, von
mir aufgeklärt, gaben sich Mühe."[2] Und Schmidt registrierte
diese Bemühungen erfreut. Hans Bender berichtet:

Als ich bei der Preisverleihung der "Ehrengabe" des Kulturkreises Arno Schmidt im Herbst 1965 in Fulda gegenüberstand, lobte er die Veröffentlichungen in der "Deutschen
Zeitung", weil sie "orthographisch korrekt" seien. (3)

Abschließend sei hier angemerkt: Das ganze Ausmaß an Textbearbeitungen wird sich wohl nie mehr vollständig erfassen lassen,
da Schmidts Manuskripte, die er an Zeitungen schickte, wahrscheinlich längst vernichtet sind.

---

(1) Briefliche Mitteilung Dieter E. Zimmers an mich vom 2.11.1984
(2) Briefliche Mitteilung Peter Härtlings an mich vom 5.9.1985
(3) Briefliche Mitteilung Hans Benders an mich vom 13.3.1986

2.3.4   Schmidts Angebote

Das Kapitel 2.3 begann mit einer Auswertung von Reaktionen
auf Schmidts Zeitungsartikel. Die Frage, wie sich Schmidt verkaufte, wie er seine Zeitungsartikel anbot, läßt sich nur
schwer darstellen. Vor allem aus den fünfziger Jahren haben
sich so gut wie keine Briefdurchschläge oder Briefentwürfe
Schmidts an Zeitungen erhalten.[1] Daher werden hier nur ein
paar Briefproben vorgestellt, die immerhin einen kleinen Eindruck von Schmidts Korrespondenz mit Zeitungen vermitteln.

Daß Schmidt seine Offerten wohl durchdachte und auf die
jeweilige 'Richtung' der Zeitungen Rücksicht nahm, davon zeugen
zwei Briefe aus dem Jahr 1957. Am 17.10.1957 schreibt Schmidt
an den Redakteur der FRANKFURTER ALLGEMEINEN ZEITUNG, er habe
eine Arbeit über den Verfasser des Buches "Dya Na Sore" Wilhelm
Friedrich von Meyern anzubieten[2] und führt weiter aus:

> Sie wissen, daß ich mich bemühe, den Wunsch Jean Pauls
> zu realisieren: "Eine Literaturzeitung der Restanten müßte
> es geben, die etwan alle 50 Jahre den vergessenen oder
> übersehenen Werken ein kleines postjustinianisches Recht
> widerfahren liesse." In diesem Sinne lege ich Ihnen heute
> wiederum die Besprechung eines völlig unbekannten, dabei
> erstaunlich einflußreichen Großbuches vor.

Wird hier eine gewisse Verantwortung gegenüber der Literaturgeschichte beschworen und Jean Paul als Kronzeuge zitiert, so
schlägt Schmidt in einem Brief an Rühmkorf, dem er das ganze

---

(1) Es dürfte heute nicht ganz einfach sein, Briefe von Schmidt
    an Zeitungen ausfindig zu machen. Die Korrespondenz wurde
    teilweise - wie bei der FULDAER VOLKSZEITUNG - gar nicht
    erst aufgehoben oder ist - wie beim DARMSTÄDTER ECHO - längst
    vernichtet. Mancherlei von mir angestellte Recherchen blieben
    bis jetzt erfolglos.
(2) Offensichtlich handelt es sich dabei um eine gekürzte Prosa-
    fassung des Funkessays über Meyern.

Funkessay über Meyern anbietet, andere Töne an:

> Ich habe ein gutes, scharfes Stück von 30 Schreibmaschinen-
> seiten Umfang, 'Dya-Na-Sore, blondeste der Bestien'. Es ist
> als einstündiger Dialog am 22. und 25.2. von Stuttgart ge-
> sendet worden (dort sitzt nämlich Alfred Andersch, und bringt
> regelmäßig dergleichen 'Nachtprogramme' von mir). Kein an-
> derer deutscher Sender würde es vermutlich 'zur Zeit' - d.h.
> also in Ewigkeit ! - wagen, dergleichen Anti=Militaristica,
> und überhaupt 'freche, unehrerbietige Kritik bestehender
> Einrichtungen' auszustrahlen (erinnert so an Brausebad, der
> Ausdruck). Es ist nun zwar eigentlich für ein umfangreiches
> Buch vorgesehen, in dem rund 15 solcher Stückchen unter dem
> harmlosen Titel 'Literaturgeschichtliche Dialoge' vereinigt
> werden sollen; aber ich würde gerade dieses 'hochbedenkliche'
> heiße Eisen rasch und unkastriert Ihnen zum 'Vorabdruck'
> geben. (1)

Die "Schärfe" des betreffenden Essays, der Hinweis auf Anderschs
kritisches Nachtprogramm, die Aktualität, ja Brisanz des Beitrags
werden der "Harmlosigkeit" einer literaturgeschichtlichen Betrachtung gegenübergestellt, mit der Schmidt bei der FRANKFURTER ALLGE-
MEINEN ZEITUNG noch geworben hatte. Zu guter Letzt soll der Begriff
"Vorabdruck" dem Redakteur verlockend erscheinen, denn Zeitungen
und Zeitschriften sind insbesonders an Erstdrucken interessiert.
Damit warb Schmidt auch in gehöriger Weise, was mitunter fast groteske Züge annehmen konnte. Am 13.08.1961 präsentiert er Rudolf
Gottschalk von der ANDEREN ZEITUNG zwei Beiträge, den einen über
die ihm gewiß sensationell anmutende Entdeckung, daß der Verfasser
der "Insel Felsenburg" Schnabel vor 1760 gestorben sein muß, die
andere über "Das Buch Mormon":

> (Darf ich noch hinzusetzen, daß es sich um Erstdrucke handelt,
> und Ihr Feuilleton ergo gar nicht so schlecht dabei führe,
> wenn Sie als ALLERERSTE in der Welt, und zum allerersten Mal,
> einen gesicherten 'Oberen Grenzwert' für das Sterbedatum des
> Verfassers der immer=bedeutenden 'INSEL FELSENBURG' brächten.)
> 2.) Ein Sonderfall ist das 'BUCH MORMON'. Ich habe es sorg-
> sam studiert, und es dann, in all seiner religiös=grotesken
> Absurdität sachlich dargestellt; (Sie finden nichts verläß-
> liches darüber; in keinem Nachschlage= oder Fach=Werk!).

Die "Notiz zum Leben Johann Gottfried Schnabels" brachte DIE

---

(1) Brief Schmidts an Rühmkorf vom 11.03.1957. Besitzer: Peter
Rühmkorf, Hamburg.

ANDERE ZEITUNG am 05.10.1961, vom Wert des Beitrages "Das Buch
Mormon" ließ sich Gottschalk dagegen nicht beeindrucken. Diesen
Beitrag hatte Schmidt der Münchner ABENDZEITUNG am 15.07.1961
mit den humorigen, im Grunde etwas unsicheren Worten offeriert:
"Ich biete Ihnen das Stück bewußt in der 'Saure=Gurken=Zeit'
an : da sind die Meckrer alle auf Mallorca." Wären also nur
noch Gutgewillte im Land, so stände einer Veröffentlichung des
Artikels doch nichts mehr im Wege?! Die ABENDZEITUNG nahm den
Beitrag allerdings nicht. Und Schmidts Hinweis auf die "Saure-
Gurken-Zeit", wenn es also nichts Besseres oder Interessanteres
mehr gibt, war nicht gerade besonders geschickt angebracht. Da
ließ sich zum Beispiel viel besser mit der kommenden Reisezeit
werben. Am 20.06.1962 bietet Schmidt der ZEIT eine kleine Arbeit
über Fouqué an:

> Es ist Reisezeit, und da wär' es sehr schön, wenn sie einmal
> Alle, die ihre Sommerfüßchen ins Steinhuder Meer (bei Bücke-
> burg) tunken, daran erinnern, daß dort die ewige UNDINE aus
> den - heute freilich ziemlich schmierigen - Fluten tauchte.
> (Daß ich gleichzeitig etwas Reklame für meine arme FOUQUE=Bio
> mache, ist gewiß entschuldbar?) (1)

Es war "entschuldbar" und der Artikel wurde gedruckt.

Ich hatte schon früher erwähnt, daß Schmidt Schwierigkeiten
hatte, seine umfangreichen "Kühe-in-Halbtrauer"-Geschichten unterzubringen. Es muß ihm allerdings viel an ihrer Publikation in
Zeitschriften gelegen haben. Sonst wäre er sicher nicht so ausführlich auf diese Erzählungen eingegangen, wie im Brief an Jürgen
Manthey von KONKRET, dem er am 14.07.1962 die Erzählung "Pipora-
kemes" folgendermaßen vorstellt:

> Als 'Verfasser' müssen Sie den 'Dr. Mac Intosh' lassen :
> es ist wieder mal ein Anagramm meines Namens, und zu der-
> jenigen Spaltpersönlichkeit ernannt, die das studienrätlich
> =anglizistische meines Wesens aufgebürdet bekommen hat -
> der Arme./ Die Gliederung ist diese:
> A) Fingierte 'Vorstellung' des Herrn, durch eine apokryfe
> 'Schriftleitung'
> B) Die Schilderung seiner Anreise zum Übersetzer von
> FAULKNER's 'New Orleans Sketsches', also zu Arno Schmidt
> C) Und nun das Schauspiel : wie bei eben=Diesem - trotz
> aller Vorbehalte gegen FAULKNER - die große (vermutlich

---

(1) Dieser Brief an Dieter E. Zimmer von der ZEIT ist inzwischen
    im Bargfelder Boten, Lfg. 115, Juni 1987, abgedruckt worden!

beste) Geschichte des betreffenden Bandes, 'MEIN LIEBER
MANN!', ihn gleichsam überwältigt : er gerät selbst in
genau jenes dissolut-elegante Fabulieren, scheinbar fläzig
& vulgär, in Wahrheit von beträchtlicher Kunst : die Mei-
sterschaft des arabesken Ausweichens wird vorgespielt, bis
Dr. Mac Intosh überwältigt=angewidert abgeht.
D) Nun aber, auf seiner Heimfahrt mit der chauffierenden
Miß 'rächt' sich das Vernommene : indem es ständig 'durch-
schlägt'; alle seine Gedankengänge 'färbt'; und ihm am
Ende handgreiflichst demonstriert, wie sehr Recht jener
Übersetzer (und ergo in letzter Instanz FAULKNER) hatte.
E) Selbstredend 'fängt' er sich wieder; und skizziert seine
Lösung eines 'Übersetzerzentrums' - womit es zu 50% zu be-
grüßen wäre
F) die 'andere Möglichkeit', die zur Zeit einzig da=seiende,
spricht jener attakierte Übersetzer, eingebettet in insolente
Bemerkungen der 'Schriftleitung' des Anfangs.
(Mich über den - sorgsam eingeplanten - 'Inhalt' der einzelnen Einlagen; sowie über die Oberflächenbearbeitung, zu
verbreiten, erlassen Sie mir sicher.) Sehr viel beruht hier
jedenfalls auf der möglichst korrekten Wiedergabe der
moreskentänzerhaften Nicht=Possen; und der nur scheinbar
frazzenhaften Orthografie.

Es ist doch merkwürdig, daß in dieser langen Briefpassage jeder

Hinweis auf eine psychoanalytische Lesart der Erzählung fehlt.

Hier hätte Schmidt doch die Gelegenheit gehabt, durchaus werbe-

wirksam auf sein neues poetologisches Konzept einzugehen.[1]

   Wie großen Wert Schmidt auf die Präsentation seiner Artikel

legte - hier auf die Verbindung von Bild, Handschriftenfaksimile

und eigenem Text - dokumentiert ein Brief an Heinrich Vormweg

von der DEUTSCHEN ZEITUNG, dem er am 20.06.1963 seinen Beitrag

über Frenssen als "Ideal" anpreist:

> [...] der FRENSSEN=Artikel - der genaue 100. Geburtstag ist
> der 19. Oktober. / Ich habe ihn möglichst so abgepasst, daß
> er 1 Zeitungsseite füllt; falls noch Platz sein sollte, liegt
> ein kleines, hübsch in sich geschlossenes Stückchen der
> VOLLMACHT SCHRUM, als Stilprobe bei, (in ein Rähmchen für
> sich gesetzt, würde das recht belebend wirken). An sonstigen
> 'Illustrationen' müßten Sie sich ein Portrait FRENSSEN's
> selbst beschaffen - ich habe zwar 1 Dutzend hier, aber nur
> eben Klischees in Büchern. Sehr wichtig wäre jedoch die
> Handschriftenprobe, die ich beifüge : noch nie veröffent-
> licht & ganz unbekannt, gibt sie das literaturgeschichtliche

---

(1) Hilfreich und nützlich wäre es, wenn die Arno-Schmidt-Stiftung einmal einen Band mit Briefen und anderen Materialien
zur Entstehung der "Kühe in Halbtrauer"-Geschichten vorlegen
würde!

'Personenverzeichnis des OTTO BABENDIEK' mitsamt den Bekannten, die Fr. als 'Modell' gedient haben! Pikant &
gleichzeitig eine filologische Tat; also das Ideal.

Damit bin ich am Ende des Kapitels über "Schmidts Angebote".
Seine Verkaufsstrategien konnte ich mangels Masse nur ansatzweise beleuchten. Sehr wahrscheinlich hat Schmidt, als er nach
Kreuders Anregung in den fünfziger Jahren Zeitungen "en gros"
bediente, keine ausführlichen Briefe beigelegt. Verluste in
dieser Hinsicht wären also noch zu ertragen.

3. <u>Klassifizierung und Darstellung der Zeitungsarbeiten</u>

Von über 100 'sonstigen' Beiträgen war im Kapitel 2.1
die Rede; ihnen wende ich mich jetzt zu. Angesichts der Menge
dieser Zeitungsartikel habe ich sie auf sechs Fächer verteilt.
Es versteht sich von selbst, daß nicht in jedem Fall eine
eindeutige Zuordnung erfolgen konnte, daß Zeitungsartikel beispielsweise sowohl literaturgeschichtliche als auch politische
Elemente enthalten. Das ist der Nachteil eines jeden rubrifi-
zierenden Verfahrens.

Jedes einzelne Fach soll zeigen, was Schmidt auf diesem
Gebiet publizistisch geleistet hat, worin die Möglichkeiten,
Grenzen, eventuell auch die Wirkung seiner Zeitungsarbeiten
bestanden. Das wird verständlicherweise von Fach zu Fach unterschiedlich aussehen, die Akzente müssen jeweils anders gesetzt
werden, damit sich ein Gesamtbild seiner Zeitungsarbeit ergibt. Ich habe in jedem Fach einen Aspekt herausgearbeitet,
der mir für Schmidts Zeitungsarbeit insgesamt typisch und
wichtig erscheint.

Ich verzichte in meiner Darstellung weitestgehend auf die
in Sammelbände wie "Trommler beim Zaren" aufgenommenen
Zeitungsartikel Schmidts.

3.1   Aus der Dichterwerkstatt

Mehrfach hat Arno Schmidt den rein handwerklichen Charakter des Schriftstellerberufes betont und versucht, das Klischee
vom Dichter als göttlich begnadetem Seher oder das Klischee
einer beschaulichen Arme-Poeten-Romantik auszuräumen. In einer
Vielzahl von Zeitungsartikeln berichtet Schmidt aus der Werk-
statt des Dichters, beschreibt Bedingungen schriftstellerischer
Arbeit, wozu Themen wie Arbeitsmethode, Hilfsmittel der Schriftsteller oder auch der soziale Status des Schriftstellers gehören.
So schildert er sehr genau seinen Arbeitsplatz, macht den Leser
mit seiner Arbeitsmethode bekannt, stellt Überlegungen an, woher
die Schriftsteller die Namen ihrer Romanhelden nehmen und welche
Bedeutung die Namen in der Dichtung haben, räsoniert über den
Dialekt in der Dichtung, erklärt seine Vorbehalte gegen Reimge-
dichte oder schimpft über "des Dichters Brotarbeit". Ich werde
in diesem Kapitel ein paar frühe und zwei Zeitungsartikel aus
den sechziger Jahren vorstellen, die Veränderungen und Konstan-
ten der Zeitungsarbeiten Schmidts zwischen 1954 und 1965 dokumentieren.

Schmidts frühester Zeitungsartikel ist eine Stellungnahme
zur Frage der Rechtschreibereform.[1] Er erläutert darin seine
Haltung aus der Sicht des Dichters, des Sprachpioniers. Die
"Großschreibung der Substantive" ist für ihn "handwerklich un-
erläßlich", die Einführung der phonetischen Schreibweise indiskutabel,

> weil man dadurch die meisten Wörter gewaltsam von ihrem
> historischen Ursprung abtrennen, und damit eine Fülle von

---

(1) Arno Schmidt: Gesegnete Majuskeln. HAMBURGER ANZEIGER, 16.
    08.1954. Alle folgenden Zitate beziehen sich, wenn nicht
    anders vermerkt auf diese Publikation. Schmidt verwendete
    später Teile dieses Zeitungsartikels für "Berechnungen III".

Reminiszenzen und Assoziationen vernichten würde; zum
zweiten, weil man dadurch den Dialekten - diesem un-
schätzbaren Quell- und Grundwasser jeder Sprache - den
wohl endgültigen Todesstoß versetzen würde [..] .

Diese Ansicht überrascht, denn erstens bediente sich Schmidt

sehr wohl der phonetischen Schreibweise und zweitens vertrat

er nur fünf Jahre später eine ganz andere Meinung über Dialekte:

> Es ist eine beliebte Fiktion der - nicht minder gefähr-
> lichen "Germanisten", daß die "Dialekte" der "Urquell"
> einer Sprache seien; dem ist aber nicht   - präziser:
> nicht mehr! - so! (1)

Schmidt sieht aber auch eine Vereinfachung der Rechtschrei-

bung für den praktischen Tagesgebrauch ein und macht folgenden

Vorschlag:

> Was hindert uns denn, ein "Tausend-Worte-Lexikon" nach
> einem international vereinbarten phonetischen Schlüssel
> zu fixieren? Hier könnte ohne Schaden auch die konse-
> quenteste Kleinschreibung angewendet werden, die ja wohl
> fürs Druck- und Schreibmaschinenwesen tatsächlich eine
> Arbeitsersparnis von gewichtigen Prozenten ergäbe. Dadurch
> würde nicht nur dem Volke geholfen; sondern auch dem
> Geistesarbeiter - speziell natürlich dem Dichter - die
> Stelle angewiesen, die er als "Wortspezialist" seit
> langem verdiente. In einer solchen Trennung in "reine"
> und "angewandte" Sprache liegt weder eine Ungerechtigkeit
> noch ein Grund zur Beschämung; betrachtet sich der Jodler
> als deklassiert, weil er keine Opernpartitur lesen kann?
> Und welche Erleichterung für den Liebhaber von "Lore-Ro-
> manen": wenn er versehentlich den "Faust" erwischte, sähe
> ers sogleich am Druck!
> Und umgekehrt!

Im Kern ist damit schon 1954 Schmidts Theorie von "reiner" und

"angewandter" Literatur angelegt, und rein äußerlich wäre eine

scharfe Trennung von Kunst und 'Gebrauchsliteratur' sichtbar.

Würde so der Stellenwert eines literarischen Werkes - und auch

der Rang seines Autors! - am Druckbild leicht zu erkennen sein,

so ist der gesellschaftliche Status des Schriftstellers leider

nicht eindeutig festgelegt. In "Nebenberuf: Dichter?"[2] pole-

---

(1) Arno Schmidt: Dialekt in der Dichtung. FULDAER VOLKSZEITUNG,
    07.03.1959
(2) In: WELT DER ARBEIT, 13.05.1955. Alle folgenden Zitate be-
    ziehen sich, wenn nicht anders vermerkt, auf diese Publi-
    kation.

misiert Schmidt gegen die Auffassung, Dichten lasse sich nebenbei in der Freizeit betreiben. Zwar wären in früheren Zeiten
Dichter einem Brotberuf nachgegangen und hätten ihre dichterische
Arbeit nur nebenbei erledigen können; aber diese Doppelbelastung
hätte sie frühzeitig körperlich ruiniert. Denn was gehört nicht
alles an "handwerksmäßiger Ausstattung" zu "diesem zehrendsten
aller Berufe"? Eine Naturbegabung muß vorhanden sein, der Schriftsteller muß einen "angeborenen Sinn für Rhythmus und Wohlklang,
für Naturschönheit und dichterische Situation" mitbringen. Zweitens braucht er einen Wortschatz, der "gar nicht groß genug sein"
kann, an dessen Erweiterung der Dichter fortwährend durch Lektüre
und Erwerb von Fremdsprachen arbeiten muß.[1] 'Dichten', so
Schmidt, ist ein Vollberuf, der Fleiß, Ausdauer und höchste
Konzentration erfordert.[2]

Der Arbeitsstreß des Dichters bringt es mit sich, daß er
zuweilen bei anderen Dichtern Anleihen machen muß, plagiieren
muß. Es ist interessant, wie Schmidt mit diesem Thema, dem er
ja verschiedentlich seine Aufmerksamkeit widmete, 1955 umgeht.
Er argumentiert ganz handwerklich-pragmatisch:

> [...] selbst die größte sprachliche Kraft, die übermensch-
> lichste Imagination, sind nach Vollendung eines Kunstwerkes
> leergeschöpft (das geht soweit, daß man "danach" ausgelaugt
> dasitzt und die einfachsten Ausdrücke nicht mehr findet!).
> Nun sind aber immer Nebenpartien noch unausgeführt; ein-
> zelne kleine, dumme Lücken zu schließen; offen lassen, er-
> trägt das Publikum nicht; vor gleichgültiger Füllung schämt
> man sich, eitel=erschöpft, selbst; rasch vollendet muß das

---

(1) Und den er, wenn er quasi 'leergeschrieben' ist, tunlichst
wieder auffüllen sollte. "Sei mir die Bemerkung vergönnt,
daß ich grundsätzlich Wörterbücher zu lesen pflege, um den
Wortvorrat wieder aufzufüllen, etwa "Lexer: Mittelhochdeutsch"
oder "Avé-Lallemant: Gaunerrotwelsch" usw." Arno Schmidt: Man
nehme ... aus alten Büchern. FULDAER VOLKSZEITUNG, 8.10.1955
(2) Dieses in den fünfziger Jahren so hartnäckig vorgetragene
Pochen auf den Beruf des Dichters scheint mir von einem (noch)
relativ ungefestigten Selbstbewußtsein Schmidts zu zeugen; es
reflektiert anschaulichst seine soziale Situation und das Mißverhältnis zwischen seinen Leistungen und dem 'Erfolg'. Mit
etwas verschobener Perspektive taucht das Bild des sich ab-
rackernden Schriftstellers auch später noch auf: Alsdann wird
sich der früher noch um Anerkennung bemühte 100-Stunden-Wöchner
Schmidt schimpfend von einem Volk abwenden, das im Wohlstand
praßt und in dem keiner mehr arbeiten will.

Buch werden; denn man muß ja wie gejagt schreiben, um nicht
zu verhungern - und da "nimmt" denn selbst der renomierte
Autor seufzend irgendeinen vergessenen, wenn möglich nur
ihm bekannten Alten, rutscht mit stumpfen Augen (die schla-
fen möchten) über die Seiten und zieht ihm einige Federn
aus - so: wieder 'n Ding fertig! (1)

Alle haben sie dergestalt plagiiert, ob Lessing, Goethe oder
Wieland; und auch heute ist diese "Technik [..] nicht erloschen:
was meinen Sie, wo etwa der endlose Strom all unserer spalten-
füllenden Kurzgeschichten herkommt?"[2] Wir werden noch sehen,
wie subtiler Schmidt das Thema 'Plagiat' zehn Jahre später hand-
habte. Zuvor will ich noch auf einen anderen 'Arbeitsbericht'
Schmidts eingehen, in dem er anhand des Verhältnisses Dichter
- Mathematik die "Verfahrensweisen zweier 'Schulen'"[3] deutlich
macht. Da gibt es Dichter, die gar kein Verhältnis zur Mathematik
haben, geschweige zu ihrer "angewandten" Seite, der Technik; das
sind dann diejenigen, "die von der Intuition her kommen [..] ."
Andere Dichter wissen dagegen "die Mathematik sehr wohl zu würdigen", das sind die, "die ihre Kunstwerke auf dem Weg der Kon-
struktion herstellen!" Welche Auswirkungen hat das nun auf den
Arbeitsvorgang, auf den Inhalt und Stil der Werke?

> Die einen 'zaubern', das heißt sie beginnen zu schreiben,
> ohne Plan, aus der Vision heraus, stets selbst aufs ange-
> nehmste überrascht von dem Benehmen ihrer selbsterdachten
> Gestalten. Die "anderen": 'montieren'; reisen sorgsam an den
> Ort ihres Buches; notieren sich die dort wachsenden Pflan-
> zen; die Wolkenformen; den Dialekt der Bewohner; sie lesen
> die Chroniken ihrer Landschaft und lassen die Bleistift-
> spitze addierend über die Spalten alter Kirchenbücher laufen.
> [..] Die 'einen': das sind die großen Fabulierer, die Hand-
> lungsgeladenen, bei denen Ilion-Troja brennt, Affenteuer-
> liches geschieht, Detektive aus durchgehenden D-Zügen
> hechten: dabei freilich störte Mathematik nur!
> Die 'anderen', die schildern jeden unserer Handgriffe;

---

(1) Arno Schmidt: Man nehme ... aus alten Büchern. FULDAER VOLKS-
ZEITUNG, 8.10.1955.
(2) Arno Schmidt: Man nehme ... aus alten Büchern. A.a.O.
(3) Arno Schmidt: Der Dichter und die Mathematik. FULDAER VOLKS-
ZEITUNG, 27.09.1958. Alle weiteren Zitate beziehen sich, wenn
nicht anders vermerkt, auf diese Publikation.

[...] zeitgebunden sind sie, gewiß, gekettet an Daten und
Namen [...] . Während die einen uns zu dem eigenen Innern
das schildern, 'was sich nie und nirgends hat begeben',
lehren die anderen uns unsere Umwelt kennen: Beides aber
muß sein.

Billigte Schmidt denjenigen Autoren, "die von der Intuition
her kommen", 1958 anstandslos ein Existenzrecht zu, so polemi-
sierte er 1965 entschieden gegen diese Dichtergruppe. In "Meine
Bibliothek"[1] verknüpft er den Begriff des Dichters, den er in
den fünfziger Jahren recht unbekümmert gebraucht hatte, spöttisch
mit dem des Priesters. Wieder ist von den zwei unterschiedlichen
Autorentypen die Rede, die man schon am Äußeren erkennen kann:
der eine, "so unauffällig und retiré wie nur möglich (wir haben
doch wahrlich am Schreibetisch genügend Aufregungen!)", das ist
Schmidt, der sich selbst nicht als Dichter oder Schriftsteller bezeichnet, sondern als "Hordenclown". Dagegen der "Dichterpriester",
noch "träger, wirrer und méchanter" als ein Normalmensch, unfähig
zu planvoller, geordneter, fleißiger Arbeit.

> Für das Äußere dieser Sorte Dichter gilt die Regel der "ge-
> pflegten Ungepflegtheit"; also kuriose Kopf- und Halsmähnen;
> an der bloßen Tracht muß man erkennen können, daß "hier was
> nich stimmt"; und die ersehnte äußerste Umhüllung ist fast
> immer ein vergoldeter Rolls-Royce. Kurzum, ein reifer Idiot
> muß sichtbar werden.

Nach dieser einleitenden Definition nähert sich Schmidt dem eigentlichen Thema seiner Arbeit, dem Verhältnis des Autors zur Bücherwelt. Etwa 20.000 Bände könne man ganz allgemein - "Zeit und Lese-
begabung" vorausgesetzt - vom "fünf- bis zum fünfundzwanzigtau-
sendsten Lebenstage" lesen.[2] Der Dichterpriester aber braucht gar
keine Bücher, denn "falls er wirklich mal "Herpes Zoster" für
eine griechische Gottheit hält, tz, dann fällt das seiner Leserschaft sowieso nicht auf." Der Hordenclown dagegen benötigt viele,
wenn er in ländlicher Abgeschiedenheit wohnt, fernab jeder Groß-

---

(1) Arno Schmidt: Meine Bibliothek. DIE ZEIT, 04.06.1965. Alle
    weiteren Zitate beziehen sich, wenn nicht anders vermerkt,
    auf diese Publikation.
(2) Die Zahl ist etwas hoch gegriffen. "Sagen wir, durchschnitt-
    lich alle 5 Tage 1 neues Buch - dann ergibt sich der erschrecken-
    de Umstand, daß man im Laufe des Lebens nur 3000 Bücher zu lesen
    vermag." Arno Schmidt: Trommler beim Zaren. Frankfurt a.M.,
    1985. (Reprint der von Arno Schmidt autorisierten Erstausg.
    von 1966.)

bibliothek wohnt, mindestens 2000. Davon wären dann etwa

> dreißig Prozent Nachschlagewerke, dreißig Prozent die
> Fremdsprache, aus der man übersetzt; dreißig Prozent
> Fachliteratur zum erwähnten einen Dutzend älterer Lieb-
> linge (es können aber auch Busenfeinde darunter sein);
> und die restlichen zehn Prozent - tja, das sind eben
> die geheimnis-follen, bibliogenen, "stomachalen" (E.T.A.
> Hoffmann) Bände, die man meist verschweigt [...] .

Mit diesen restlichen zehn Prozent sind jene Bücher gemeint,
die ein Schriftsteller nicht nur liest, sondern die er für
seine Werke 'verwendet', denen er wichtige Anregungen verdankt.
Das hat mit einem 'Plagiat' in seiner reinsten Ausprägung nichts
zu tun. Schmidt unterscheidet sehr genau verschiedene Wirkungs-
grade und Stufen der bewußten Verwendungsmöglichkeit, wenn man
einmal von "zufälliger Übereinstimmung" und dem "nackten Plagiat"
absieht:

> Kryptomnesie.
> Absichtliches "Anspielen" (ob parodierend, ob um des schönen
> "Echoeffekts" willen).
> Bedeutendes Ausbauen eines, vom Originator selbst gering
> geachteten, Ein-Zeilen-Einfalls.
> Umbildung, besser machende, einer gänzlich unausgenützten,
> ja verpfuschten Episode, kann Feines ergeben.
> Entlehnungs-Umschreibung hat meist auch noch der "Erklärungen"
> genug (Jugend, Erschöpfung, Not, Alter).
> Dann kommt allerdings die hastig-freche Benützung, die's
> schlechter macht als das Original.

Es versteht sich von daher, daß nicht nur die Biographie eines
Autors, sondern auch seine Lektüre wichtig für das Verständnis
seiner Werke ist. "Wenn wir nur in jedem Fall wüßten", seufzt
Schmidt, "was die Autoren so gelesen haben!" Innerhalb der Leseerlebnisse eines Autors nehmen zudem die Bücher eine lebenslang
prägende Stellung ein, die er unter Umständen gar nicht mehr be-
sitzt: Gemeint ist die "folgenschwere erste Lektüre", für Schmidt
"schlimmer als die erste Liebe." Bücher der Kindheit und Jugend
bekommen "für's ganze Leben und Werk Grundwasser-Wert." Es ist
später sehr schwer, diese frühe Lektüre eines Schriftstellers zu
bezeichnen, wenn er nicht selbst Auskünfte darüber gegeben hat,
oder wenn sich solche Kindheitslektüre nicht unmittelbar als
"längeres Gedankenspiel" schriftlich erhalten hat. Schmidt er-

wähnt ein Werk, das es leider nicht mehr gibt:

> Besäßen wir nur noch Johann Heinrich Vossens umfangreiche
> Fortsetzung zur "Insel Felsenburg" - was würde seine Para-
> phrase nicht alles aussagen? Weil nämlich solch "Längeres
> Gedankenspiel" nichts als die Hohlform der den Spieler um-
> gebenden (meist einengenden) Realität ist; und ein klug ge-
> machter "Ausguß" das feinste "Portrait of the Artist as a
> Young Man" ergibt!

Dergleichen "Fortsetzung" also könnten dem findigen Literatur-
psychologen mancherlei Aufschlüsse über das Leben der Verfassers
geben.

Die literarischen Folgen von Lektüre stellen sich auch in
einem weit allgemeineren Zusammenhang ein: Da wo sie nämlich
"Reihen" oder "Knotengeflechte der Weltliteratur" ergeben; so
setzt sich beispielsweise der "Hund Berganza" von Cervantes über
Hoffmann zu Gaudy fort. "Knotengeflechte" wären eher Punkte, von
denen kreuz und quer durch Zeiten und Länder "Lustwandler aus-
gehen". Schmidt nennt hier als Beispiel die "Hohlerden", Holbergs
"Nils Klim", Vernes "Voyage au Centre de la Terre", Storms "Re-
gentrude" etwa - und Schmidt selbst hat ja auch in seiner "Tina"[1]
ein Exempel dieser Hohlweltenliteratur geliefert.

Eingedenk dessen, wie stark die Werke der Weltliteratur
miteinander verflochten sind und wie nachhaltig Lektüre das Werk
eines Autors beeinflußt, müßte jeder "berufsmäßig Bücher Erzeu-
gende" der Nachwelt "ein Verzeichnis seiner Bibliothek hinterlassen". Kommt Schmidt nun endlich auf seine Bibliothek zu
sprechen - "Meine Bibliothek" heißt schließlich der Beitrag -,
fragt sich der interessierte Leser gespannt. Die Antwort folgt
prompt im Text:

> Nein, dergleichen betriebswirtschaftliche Blindheit sei
> den Ministerien (Minus-Therien) dieser Welt überlassen.
> Zumindest werde ich die (nunmehr ja doch unvermeidlich
> kommende) Zeitungs-Rundumfrage abwarten à la "Bücher, die
> mein Werk anregten". Anschließend wird's in ein schmuckes
> Taschenbüchlein zusammengedruckt (gibt wieder Rubelchen).
> Jahre danach, anläßlich etwaiger "Gesammelter Werke",

---

(1) Arno Schmidt: Tina oder über die Unsterblichkeit. In:
DYA NA SORE. A.a.O., S. 392ff.

könnte man's in einen der Miszellenbände aufnehmen (und
das geht mir ja gleichsam noch ab, daß man mich zur "Miß
Celle" machte!).

Humorvoll und - nach soviel tief- und feinsinnigen Reflexionen -
mit ausgleichend materialistischer Betonung des 'Geldverdienens'
schließt Schmidt seinen Beitrag, der die Bibliothek des Schriftstellers als Arbeitsort und Ausgangspunkt literarischer Werke
beschreibt. Schmidt hat also nicht die Bestände seiner Bibliothek
vorgestellt, keine Geständnisse eigener Leseerlebnisse gemacht,
sondern vielmehr versucht, den Blick des Lesers nicht durch
individuelle Bekenntnisse von allgemein wichtigen Werkstatt-
problemen abzulenken. Beim genaueren Hinsehen entpuppt sich
Schmidts Beitrag aber doch als stark subjektiv gefärbter 'Arbeitsbericht', wenn man sich noch einmal folgende Schwerpunkte an-
schaut:
- sein Bekenntnis zum fleißigen, gelehrten "Hordenclown" als
  Antipodem des "Dichterpriesters"
- die immense Bedeutung, die Schmidt der Bücherwelt neben dem
  wirklichen Leben beimißt
- die Skala der Verwertungsmöglichkeiten von Gelesenem, die
  Schmidts differenzierten Gebrauch von Literatur umreißt
- sein erotisches Verhältnis zum Lesen (und zum Buch), indem
  er zum Beispiel "erste Lektüre" mit "erster Liebe" vergleicht
- die herausragende Stellung, die Schmidt der Kinder- und
  Jugendlektüre einräumt
- sein Interesse an literarischen "Knotengeflechten" und "Reihen",
  an die Schmidt in seinem eigenen Werk anknüpft.
Diese Punkte runden keineswegs das Bild des Schriftstellers
Schmidt, bilden aber doch wesentliche Bestandteile seines Werkes
und Schaffens.

Abschließend sei die Frage aufgeworfen, inwieweit sich
dieser Beitrag von den oben vorgestellten Werkstattberichten
aus den fünfziger Jahren unterscheidet. Mit dem Umfang hat sich
das sprachliche Niveau erheblich gesteigert. Wortschöpfungen
("Lethe-lallig"), Wortspiele ("Ministerien (Minus-Therien)"),

gesteigerte Imagination ("das nackte Plagiat, bei dem einem die
Stirn fast unvermeidlich zum Waschbrett wird"), Anspielungen
und Mehrdeutigkeiten (z.B. "Hordenclown" und Klauen: "Goethe;
ein großer Mann; auch im Clowen") nicht zuletzt humorvolle
Wendungen zeugen von einer Lust am Schreiben, die sich in den
ersten 150-Zeilen-Aufsätzchen nie so recht entfalten konnte. Den
eher sparsam gehaltenen Betrachtungen steht nun ein gedanklich
ausschweifender Essay gegenüber, dessen Fülle von Ideen den
Leser zum Fortspinnen, Überprüfen, Korrigieren und Ergänzen der
vorgetragenen Gedanken einlädt.

Aus der Bibliothek als Arbeitsraum treten wir zum Schluß
in eine Seitenkammer der Dichterwerkstatt, die sowohl vom Autor
als auch vom "guten Leser" genutzt werden sollte. Arno Schmidt
hat ja neben seiner schriftstellerischen Tätigkeit auch einiges
auf dem Gebiet der Literaturwissenschaft geleistet - als Auto-
didakt, das heißt ohne jede akademische Legitimation, und als
Amateur, das heißt neben seinem eigentlichen Beruf als Schriftsteller.[1] Schon deshalb kann es nicht Wunder nehmen, daß er
sich in einem Zeitungsartikel den Aufgaben des Amateurs, dessen
Mitarbeit die akademische Literaturwissenschaft so gerne verschmäht, zugewendet hat. "Unsterblichkeit für Amateure"[2] heißt
der wichtige Beitrag, den ich zum Schluß als zweites Beispiel
für einen Zeitungsartikel aus den sechziger Jahren vorstelle.

Genie, Mut, Fleiß und Glück sind die Voraussetzungen des
Schriftstellerberufes, behauptet anfangs Schmidt. Was aber, so
fragt er sich, "soll der gute Amateur, der am Genie Verhinderte,
tun?", dem es ansonsten weder an Mut, noch an Fleiß, noch an
Glück mangelt? Paradigmatisch nennt Schmidt vier Arbeitsmög-
lichkeiten, hinter denen "Tausende, vom Genius nicht zu er-
ledigende, dennoch unbedingt benötigte, Einzelaufgaben und Vor-
arbeiten" stehen. 'Unsterblichkeit' zumindest für die nächsten

---

(1) Dazu rechne ich Schmidts 700 Seiten umfassende Fouqué-Biographie, seine Funkessays und seine Karl-May-Studie. Sehr
streng kann man allerdings diese Arbeiten nicht von seinem
'dichterischen' Werk trennen. "Zettels Traum" beispielsweise ist ja nicht nur ein Roman, sondern auch eine Groß-
studie über E.A.Poe!
(2) DIE ZEIT, 08.11.1963. Alle folgenden Zitate beziehen sich,
wenn nicht anders vermerkt, auf diese Publikation.

paar Jahrhunderte kann sich der Amateur erwerben, wenn er zu
den von 1831-35 erschienenen 40 Bänden der Werke Johannes von
Müllers ein Register erstellen würde, ohne das man mit dieser
Ausgabe nicht arbeiten kann. "Hier, wo die Verleger ebenso wie
die beamtete Literaturwissenschaft versagt haben, gibt es nur
eine Lösung, eine Hoffnung, und sie heißt: Amateure vor!"
Zweitens wäre die Erarbeitung eines umfangreichen Reimlexikons
dringend erforderlich. So eine Fleißarbeit erfordert dann schon
"etwas mehr [..] als bloße beamtenhafte Betriebsamkeit; nämlich
das Feingefühl des guten Lesers für das, was für Schriftsteller
gegebenenfalls anregend und bildererzeugend sein könnte [..] ."
Drittens müßte ein dem englischen "Oxford Companion to English
Literature" vergleichbares Kompendium für die deutsche Literatur
geschaffen werden, in dem man neben dem Biogramm eines Autors
auch Inhalt und Personenverzeichnis seiner wichtigsten Werke
nachschlagen kann. Diese Aufgabe könnte allerdings nur von einem
Autorenteam bewältigt werden. Schmidt gibt ein Beispiel dafür,
was ein Einzelner zu leisten hätte. Und wenn er   ausgerechnet
Iffland als Exempel wählt, dann macht er damit seine Intention
deutlich, daß es sich bei einem solchen Werk nicht nur um die
100 zum Literaturkanon der akademischen Literaturwissenschaft
zählenden Autoren handeln kann und darf. Es wären also zunächst
die ca. 70 Schauspiele Ifflands zu lesen, "die fünf oder sechs
besten auf je zehn Lexikonzeilen zu kondensieren [..] und endlich
ein Kurzbiogramm für den Artikel Iffland selbst zu liefern."
Fünf Monate, also etwa 150 Tage, veranschlagt Schmidt für diese
Arbeit, die dem Amateur 'Unsterblichkeit' verheißt. Denn:

> Späterhin dann freilich, so im Jahre 2200 oder mehr noch,
> würde jeder Benützer den (mit "K" oder "M" oder "es" signier-
> ten: "Verzeichnis der Mitarbeiter siehe am Ende") Artikel
> erst durchfliegen; dann vielleicht mißtrauisch-stichproben-
> haft kontrollieren; dann eventuell murmeln: "Deuwel auch,
> das heiß ich mir Information! Muß'n doller Kerl gewesen
> sein."

Noch dringlicher aber als diese Arbeiten wäre die Bewahrung ungedruckter Nachlaßmaterialien berühmter Autoren, von denen es
"Tausende von ungedruckten Manuskripten" gibt, "die an einem
seidenen Faden über dem Nichts des Irrsinns schweben - eines

Streichholzes; einer überdrüssigen Kehrfrau; eines läppischsten
Zufalls; eines Russen oder Amerikaners, der 'n Fidibus braucht!"
Auch hier wäre wieder der Amateur gefragt, der ungedrucktes
Material abschreiben und "gleich sechs neue Exemplare" herstellen sollte, um Unersetzliches vor dem Verfall zu retten.
Schmidt wertet durch diesen Zeitungsartikel den Amateur auf,
dessen hilfreiche Zuarbeit unbedingt nötig ist, da der beamtete
oder nicht beamtete 'Profi', der vorhandene Lücken ja genau
kennen müßte, vor diesen Aufgaben entweder kapituliert oder
sich für nicht zuständig hält. Die Arbeitsbeispiele, die er
anführt, sind zwar typisch für Schmidt; doch darüber hinaus ist
die "Menge des zu Leistenden [..] so unwahrscheinlich groß, daß
zwei deutsche Generationen still und fleißig zu tun bekämen."
Vielleicht hat keiner der Zeitungsartikel Schmidts einen so unmittelbaren Erfolg gehabt, wie "Unsterblichkeit für Amateure".
Denn es fühlten sich so viele Leser von diesem Beitrag angesprochen, daß sie Schmidt mit Anfragen geradezu bestürmten,
welche Arbeiten man denn als Amateur übernehmen könne. Die Anfragen wuchsen in solchem Maße, daß Schmidt sich genötigt sah,
durch seinen Verleger eine Erklärung in DIE ZEIT einrücken zu
lassen, daß er - aus Zeitgründen - Anfragen dieser Art in Zukunft nicht mehr beantworten könne.[1)]

---

(1) Diese kleine Notiz konnte ich bislang leider noch nicht
    in der ZEIT ausfindig machen. Die Bock-Bibliographie ver-
    zeichnet sie nicht.

3.2   Marginalien zur Literatur und Literaturgeschichte.
Menageriebilder und süße Nichtigkeiten.

Es fällt mir schwer, Schmidts Zeitungsartikel als Plaudereien zu bezeichnen. Zu entgegengesetzt ist seine scharfe, unbequeme, mitunter komplizierte Prosa einem Begriff, den wir mit den Adjektiven 'harmlos' oder 'gemütlich' in Verbindung bringen, und im Falle einer 'Plaudertasche' sogar unangenehme Geschwätzigkeit assoziieren. Aber auch Schmidt konnte plaudern, konnte harmlos dahinplätschernde Anekdoten oder Geschichten zu unsensationellen Zeitungsartikeln verquirlen, die keine besonderen intellektuellen Fähigkeiten des Lesers voraussetzen. Und Schmidt hat selbst einmal derlei Zeitungsartikel, mit denen wir uns jetzt befassen wollen, als "Plaudereien" bezeichnet.[1]

Ich habe schon im Kapitel 2.2 berichtet, wie Schmidt auf Kreuders Anregung hin Lückenbüßer für Zeitungen schrieb, Artikel von 120-160 Zeilen Länge, die nicht sehr anspruchsvoll sein durften, möglichst unaktuell und allgemein gehalten, da sie jederzeit verwendbar sein sollten. Die meisten dieser Lückenbüßer bietet das Fach "Marginalien zur Literatur und Literaturgeschichte", das mit seinen fast zwei Dutzend Zeitungsartikeln die meisten Beiträge von allen sechs Fächern zu bieten hat.

In diesem Kapitel soll vornehmlich vom Aufbau dieser kleinen Zeitungsbeiträge die Rede sein und gezeigt werden, wie Schmidt bei der Fabrikation von "süßen Nichtigkeiten" und "Menageriebildern" vorging. Als erstes Beispiel stelle ich Schmidts Beitrag ""Ich war wie besessen..." Wenn Dichter in ihren Werken blättern"[2] vor. In diesem Zeitungsartikel von 112 Zeilen beleuchtet Schmidt das bisweilen sehr unterschiedliche Verhältnis

---

(1)   Arno Schmidt: Schlüsseltausch mit einer Sammlerin. FRANK-
       FURTER ALLGEMEINE ZEITUNG, 3.5.1957. Auch in: Arno Schmidt:
       Trommler beim Zaren. Frankfurt a.M., 1985, S. 18   (Reprint
       der von Arno Schmidt autorisierten Erstausg. von 1966.)
(2)   DIE WELT, 15.8.1955. Alle folgenden Zitate beziehen sich,
       wenn nicht anders vermerkt, auf diese Publikation.

von Dichtern zu ihrem gedruckten Werk. Einleitend spricht er
von der "hohen Lust", sich zum ersten Mal gedruckt zu sehen;
"berauschend" sei der Gedanke einer "direkten persönlichen
Einwirkung noch nach Jahrhunderten" und dadurch "das wohl
handgreiflich größte Stückchen "Unsterblichkeit"" erreichen
zu können. Dieses freudige Gefühl belegt Schmidt im folgenden
mit drei Zitaten von Hoffmann, Goethe und Fouqué. Der Leser
täusche sich aber, wenn er meine, daß dieses berauschende
Erlebnis immerzu andauere und der Dichter ständig in seinem
gedruckten Werk lese. 37 Zeilen verwendet Schmidt darauf, um
anhand von Zitaten aus Jean Paul, Wieland, Coleridge und Goethe
zu beweisen, daß Dichter ihre Werke jahrzehntelang nicht wieder
zur Hand nehmen und oft sogar mit ihren Jugendwerken nichts mehr
anzufangen wissen. Schmidt erklärt dieses Phänomen folgendermaßen:

> so tief ist das Erlebnis gewesen, so giftklar hat man sich
> alles machen müssen - um es in bewußt niedergeschriebenen
> Worten fixieren zu können: man durfte nicht einfach unbe-
> kümmert "fühlen", wie die glücklich anderen! - so scham-
> voll aufreibend hat der Dichter aus seinen Adern mitsteno-
> graphieren müssen, daß er später instinktiv aus Selbster-
> haltungstrieb jede Erinnerung an das Erlebnis flieht!

Dieser psychologisierenden Erklärung läßt Schmidt ein weiteres
Zitat von 11 Zeilen aus einem Brief Fouqués folgen, in dem jener
von der Qual berichtet, die ihm das Blättern in seinem Roman
"Alwin" bereitet habe. Schmidt schließt seinen Beitrag mit der
Aufforderung an den Zeitungsleser:

> Denken Sie also in Zukunft, wenn es wieder einmal im Radio
> heißt: "Der Dichter liest aus seinen Werken", auch hieran:
> daß er wahrscheinlich lieber alles andere tun möchte.

Einigermaßen dürftig wirkt der Schluß des Zeitungsartikels.
Aber auch der Artikel selbst zeugt nicht gerade von effektvoller
Gedankenfülle, sprachlicher Eleganz oder einer gehobenen Re-
flexionsebene. Das wird von den Zeitungen auch gar nicht verlangt!

Typisch für eine Vielzahl von Zeitungsartikeln ist die Art,

wie Schmidt hier verfährt: Er sucht sich ein Thema[1], stellt
eine These auf, der drei Zitate folgen, bringt eine weitere
These, die mit vier Zitaten belegt wird, kommt endlich zum
Kern seiner Aussage, die er noch mit einem weiteren Zitat
krönt,und versucht dann den Beitrag 'irgendwie' abzuschließen.
Der Anteil reiner Zitatstellen beträgt in diesem Fall mehr als
ein Drittel des gesamten Artikels, nämlich 40 Zeilen!

Schmidt griff also ein Thema auf, stellte kleine biographische oder autobiographische Zitatschnipsel zusammen, die
er als Belegmaterial um ein paar magere Thesen gruppierte.
Bei der Materialsuche kamen ihm ein ausgezeichnetes Gedächtnis
und seine enorme Belesenheit zugute. Zwischen die Belegstellen
streute Schmidt überleitende Sätze und - mal mehr, mal weniger -
eigene Gedanken ein.

Dieses Zitatverfahren impliziert allerdings, daß man -
nehmen wir das oben gewählte Beispiel - auch mühelos das Gegenteil beweisen kann: Wie oft feilen und ändern Autoren nach
Drucklegung eines Werkes nicht an diesem! In vielen Fällen entstehen sogar nach einiger Zeit ganze neue Fassungen. Man muß
nur ein paar entsprechende Zitate aus dem Zusammenhang reißen
und kann dann die genau entgegengesetzte Meinung vertreten.
Schmidt psychologische Erklärung, das Kernstück des Artikels,
ist insofern völlig unzureichend, das Thema viel zu einseitig
betrachtet. Zu Recht hat er diesen Typ von Zeitungsartikel als
"süße Nichtigkeit" definiert; dem Leser wird durch verschiedene
Zitate der Stoff zwar versüßt dargeboten, inhaltlich sind aber
diese Zeitungsartikel dürftig, 'nichtig' zu nennen

Zum Typ der "süßen Nichtigkeit", also dem Zitatenpotpourri,
das mit bescheidenen eigenen Worten zusammengehalten wird, gibt
es eine Variante, das "Menageriebild". Anhand des Beitrages
"Einige Traumkunstwerke"[2] möchte ich den zweiten Typ der

---

(1) In diesem Fall spiegelt es Schmidts eigene Erfahrungen
    wider; an anderen Stellen kommt Schmidt später darauf
    zurück.
(2) HANNOVERSCHE PRESSE, 16.4.1955. Alle folgenden Zitate be-
    ziehen sich, wenn nicht anders vermerkt, auf diese Publi-
    kation.

frühen Zeitungsartikel Schmidts präsentieren. Innerhalb von
154 Zeilen erzählt Schmidt von Künstlern, die in ihren Werken
nächtliche Träume zu fixieren suchten. Schmidts Artikel beginnt
mit einer Schilderung, wie der Geiger Giuseppe Tartini gerade
seine kostbare Geige zerschlagen will, weil es ihm nicht gelingt, eine "im Traum gehörte Melodie zu notieren und zu
spielen [..] ." Freunde hindern ihn am Zerstörungsakt, beruhigen
ihn, und: "Noch heute gilt die berühmte "Sonate mit dem Teufels-
triller" als Prüfstein virtuoser Beherrschung des Instrumentes."
Direkt an diese Geschichte schließt Schmidt die Betrachtung
einiger Bilder des Giovanni Battista Piranesi, dessen Serie
'Carceri' "die Alpträume des Künstlers während einer fiebrigen
Krankheit" wiedergibt; sie "wirkt zumal heute, im Zeitalter
des Maschinenschreckens, unwiderstehlich faszinierend." Über-
gangslos wird nun berichtet, welche Schwierigkeiten Fouqué
einst hatte, den dritten Teil seines Romans "Der Zauberring"
fertigzustellen,und dem eines Nachts "in einem Gemisch aus
dunklem Geträum und Teilbewußtsein [..] in einem Zug der Plan
des ganzen dritten Teils lückenlos" aufgeht. Schmidt behauptet
nun: "Die Literatur ist voll der Beispiele, wie die Träume anregend oder fördernd auf Dichtungen gewirkt haben." Er führt
zwei weitere kurze Exempel aus der Literatur an, Coleridge und
Hoffmann, bricht . dann seinen Beitrag mit dem etwas willkürlich wirkenden Schluß ab: "Das wäre doch noch eine Rundfrage
an unsere lebenden Dichter und eine Sendung im "Nachtprogramm"
wert: ob das auch heute noch so ist?!"
    Wie ist nun dieser Zeitungsartikel gebaut? Drei Geschichten
erzählt Schmidt, in denen geschildert wird, wie aus Träumen
Kunstwerke wurden; damit füllt er schon 122 von 154 Zeilen.
Dann verengt sich die Thematik auf die Literatur, die Exempel
werden kürzer, bringen es aber auch noch einmal auf 25 Zeilen;
sehr unvermittelt bricht der Beitrag dann ab.
    Für diesen Typ von Zeitungsartikel, der also kleine Ge-
schichten, impressive Schilderungen, Anekdoten aneinanderreiht,

hat Schmidt einmal das Wort vom "Menageriebild" geprägt:

> [...] im Großen Brehm gibt es den Begriff des "Menagerie-
> bildes" - wo so zehn Tierarten zwanglos in einer para-
> diesischen Landschaft zusammen stehen - in der Art ver-
> faßte ich also meine Artikelchen, "Von den Gelehrten,
> so böse Weiber gehabt". (1)

Wie in einem Tiergehege, in dem mehrere Tiere nach bestimmten
Ordnungskriterien nebeneinander zu betrachten sind, stellt
Schmidt in "Einige Traumkunstwerke" Beispiele aus Musik, Malerei
und Literatur zusammen, die den Einfluß des Traums auf die Kunst
veranschaulichen. Schmidt analysiert keine Traumkunstwerke,
er stellt keine Theorien über Traum und Kunst auf, sondern er
fabuliert, erzählt nach. Diese kleinen Geschichten kommentiert
er spärlich, verweist stereotyp auf die Gegenwart: Noch heute
könne man sich an diesen Kunstwerken erfreuen. Wörtliche Zitate,
wie sie in den "süßen Nichtigkeiten" eine wichtige Rolle spielen,
fallen hier ganz unter den Tisch. Der fabulierende Ton ist also
in den "Menageriebildern" viel ausgeprägter als in den "süßen
Nichtigkeiten"; obwohl es natürlich hier auch Mischformen gibt,
wo Schmidt Erzähltes mit Zitaten und eigenen Worten verbindet.

Um Material für diesen Typ von Zeitungsartikel zu bekommen,
mogelte Schmidt auch ein wenig. In "Einige Traumkunstwerke" erzählt er beispielsweise von E.T.A.Hoffmann:

> E.T.A. Hoffmann rief eines Morgens aus dem Bette dem ihm
> seinen Krankenbesuch abstattenden Hitzig entgegen: Von dem
> schnurrigen Traum, den er eben gehabt habe! Ein Kerl, dem
> an allen Jacken die Aermel lang wachsen; der andere, dem
> durch Zauberei alles Gute und Schöne zugeschrieben wird,
> was andere in seiner Nähe tun: "Sollte das nicht eine
> scharmante Geschichte geben?!" Es hat eine charmante Ge-
> schichte gegeben: noch heute kann, wer will, sich am "Klein
> Zaches" erfreuen.

Im Original, das Schmidt benutzte, ist aber von einem <u>Traum-
bild</u> - und entscheidend ist ja hier der Hinweis auf den Traum -

---

(1) Arno Schmidt: Schlüsseltausch mit einer Sammlerin. FRANK-
 FURTER ALLGEMEINE ZEITUNG, 3.5.1957. Auch: Trommler beim
 Zaren, a.a.O., S. 18

gar keine Rede; auch macht Schmidt eine falsche, seinen Absichten allerdings dienlichere Zeitangabe, wenn er von "eines
Morgens" spricht. Hitzig kam nachmittags und im Original liest
sich die kleine Geschichte so:

> So kam er [Hitzig. W.R.] eines Nachmittags, und Hoffmann,
> ihm die glühende Hand vom Krankenlager herüberreichend
> und noch im heftigsten Fieberanfalle, rief ihm gleich in
> kurzen raschen Absätzen, wie sie die Hitze ausstößt, ent-
> gegen: "Denken Sie, was für ein paar verwünschte Ideen mir
> eben gekommen sind. Ein häßlicher, dummer kleiner Kerl, -
> fängt alles verkehrt an, - und wie was Apartes geschieht,
> hat er's getan.- Wird z.B. ein schönes Gedicht in einer
> Gesellschaft von einem anderen   verlesen, - er wird als
> Verfasser geehrt und empfängt dafür das Lob, und so durch-
> weg. - Dann wieder ein andrer, der einen Rock hat, - wenn er
> ihn anzieht, - werden die Ärmel zu kurz, - und die Schöße zu
> lang. - Sobald ich wieder gesund werde, muß aus den Kerls
> ein Märchen gemacht werden." (1)

In "Zettels Traum"[2] hat Schmidt später darauf aufmerksam gemacht,
daß der bereits 1810 erschienene Roman "Der Bräutigam ohne Braut"
von August Friedrich Ernst Langbein offenbar die Vorlage zum
"Klein Zaches" darstellt. Hier ist von einem 'Traumbild' erst
recht keine Rede mehr.

Zurück zu den "Menageriebildern"; ich möchte noch ein Beispiel für diesen Typ von Zeitungsartikel bringen. "Große Herren -
große Schnitzer"[3] befaßt sich mit Wissenslücken und Irrtümern
bedeutender Männer. Fünf kleine Beispiele, teilweise sehr belanglose, hat Schmidt diesmal aneinandergereiht, beginnend mit
Hegel, der 1801 'bewies', "daß zwischen Mars und Jupiter kein
weiterer Planet existieren könne." Peinlicherweise fand vier
Wochen nach Erscheinen der Thesen Hegels der Astronom Piazzi
den zwischen Mars und Jupiter gelegenen Planeten Ceres. Für einen
unverzeihlichen Schnitzer hält Schmidt auch die Frage Zelters

---

(1) Julius Eduard Hitzig: E.T.A.Hoffmanns Leben und Nachlaß. Mit
    Anm. zum Text u. einem Nachw. von Wolfgang Held. Frankfurt
    a.M., 1986, S. 328
(2) Arno Schmidt: Zettels Traum, a.a.O., S. 1082
(3) WESER-KURIER, Bremen, 11.3.1958. Alle folgenden Zitate
    beziehen sich, wenn nicht anders vermerkt, auf diese
    Publikation

in einem Brief an Goethe: "Was war Byzanz? Wo war es?" Schmidt
meint zu Recht: "Ein Blick ins kleinste Konversationslexikon
hätte ja wohl genügt [...]." Drittens tadelt Schmidt eine Stelle
in Schillers Übersetzung von Gozzis "Turandot", da Schiller den
italienischen Ausdruck "malandrin" nicht mit "Bösewicht" übersetzt, sondern den Ausdruck "Malandrinen" wählt; "halb Mandrill,
halb Mandarinen", bemerkt Schmidt spöttisch. In diesem Fall könnte
sich aber Schmidt "in der Eile der Brotarbeit" geirrt haben.
Denn jedes bessere ältere Fremdwörterbuch hat: "Malandrino, m.,
it., ein Straßenräuber; auch ein Schimpfwort: Schelm."[1] Also
ist dieser Ausdruck "Malandrinen" dem Publikum im 18. und 19.
Jahrhundert möglicherweise überhaupt nicht unverständlich gewesen. Doch weiter im Text: Unbegreifliche Wissenslücken werden
von Schmidt auch bei Walther Scott entdeckt, der den Mond in zweien
seiner Romane im Nordwesten aufgehen läßt. Im fünften Beispiel
geißelt Schmidt ein paar Übersetzungsfehler Lessings, des
"Scharfsinnigsten der Scharfsinnigen". Zum Schluß werden schnell
noch drei kleine Irrtümer von Storm, Eichendorff und Stifter
in einen Absatz zusammengepappt,und dann endlich, nach 129
'exemplarischen' Zeilen, zieht Schmidt dieses 'bedeutende' Re-
sümee:

> Der Leser sei nachsichtig, der Autor bescheiden, denn wir
> sind alle von Adams Kindern, und ein Buch ohne Fehler soll
> erst noch geschrieben werden.

Keinen einzigen originellen Gedanken birgt dieser Zeitungsartikel;
das 'Originelle' besteht bestenfalls in der Auswahl und Zusammen-
stellung dieser Schnurren und Exempel. Schmidt läßt Beispiel
auf Beispiel folgen, zusammengekittet nur durch das in der Überschrift angegebene Thema: "Große Herren - große Schnitzer".
Sowohl bei den "Menageriebildern" als auch in den "süßen
Nichtigkeiten" hat Schmidt oft Schwierigkeiten, einen geeigneten
Schluß zu finden; das ist insofern nicht verwunderlich, weil

---

(1) F.E.Petri: Handbuch der Fremdwörter in der deutschen Schrift-
und Umgangssprache. 13. Aufl., neu bearb. u. vielfach verm.
von E. Samosti. 2., unveränd. Abdr. Gera, 1888, S. 516

die Themen zu allgemein, die Inhalte dieser Zeitungsartikel-
typen zu dürftig sind, als daß Schmidt ein vielsagendes Re-
sümee ziehen könnte. Schmidts Schlußsätze wirken oft gequält,
gekünstelt, manchmal sogar an den Haaren herbeigezogen. Wie
effektlos, dazu noch umständlich formuliert, ist zum Beispiel
der Schluß von "Im Eifer des Gefechts", ein Beitrag, in dem
Schmidt wieder einmal den störenden Irrtümern in Büchern bedeutender Männer nachgeht:

> Einigen wir uns abschließend dahin, daß man einer Schön-
> heit auch einen winzigen Leberfleck für einen neuen Reiz
> gelten läßt - und bei einer Häßlichen macht einer mehr
> oder weniger ja auch nichts weiter aus. (1)

Das Fehlen einer kleinen Pointe oder einer griffigen Formel,
die man noch im Kopf hat, wenn man den genauen 'Inhalt' des
Zeitungsartikels längst vergessen hat, lassen den Beitrag
wirkungslos verpuffen.

Der Anfang seiner Zeitungsartikel fällt Schmidt viel
leichter als der Schluß; er wählt immer den direkten Einstieg,
ohne Umschweife und lange Vorrede. Ich gebe zwei Beispiele:
Zunächst der Anfang von "Nur Lumpe sind bescheiden!":

> Nun ist dies übermütige Wort zwar auch nichts weniger als
> richtig, gleichviel was Goethe unter "Lumpen" verstanden
> haben mag; vielmehr liegen die Dinge ja unleugbar so, daß
> jeder recht was auf sich hält: soll er! (2)

Schmidt schließt mit diesen Anfangsworten direkt an die Überschrift an; wer es nicht sofort gemerkt hat, daß die Überschrift
ein Goethe-Zitat[3] ist, dem wird das im ersten Satz schon klar.
Und gerne läßt sich der Leser von diesen schwung- und humor-
vollen Worten Schmidts zur weiteren Lektüre einladen. Ein zweites
Beispiel: "Der große Unbekannte":

> Kriegen Sie noch alle Fünf zusammen? Theobald Tiger, Peter
> Panter, ja; - Kaspar Hauser, gut; und - und -? Also nehmen

---

(1) Arno Schmidt: Im Eifer des Gefechts. FRANKFURTER RUNDSCHAU,
    25.6.1955
(2) Arno Schmidt: Nur Lumpe sind bescheiden. HAMBURGER ANZEIGER,
    15./16.01,1955
(3) Das Zitat stammt aus Goethes Gedicht "Rechenschaft", wo es
    heißt: "Nur die Lumpe sind bescheiden, Brave freuen sich der
    Tat." Goethes sämtliche Werke. Jubiläums=Ausg. Stuttgart u.
    Berlin, (1902), Bd 1, S. 92

wir Ignaz Wrobel, einverstanden? "In Wirklichkeit" hieß
er bekanntlich Kurt Tucholsky, und war, wie Heine, erst
Jurist und Bankangestellter, ehe er einer unserer guten
Schriftsteller wurde. (1)

Dieser gelungene Einstieg bezieht den Leser in ein kleines Rate-
spiel mit ein und spricht ihn ganz direkt an. Die verschiedenen
Pseudonyme Tucholskys werden dabei nicht heruntergerasselt, sondern erst nach einigem Nachdenken genannt, das letzte muß Schmidt
gar hinzufügen. Etwas verwirrend ist allerdings die Zahl "fünf"
in der Frage. Wenn nach den Pseudonymen Tucholskys gefragt wird,
können es doch nur vier sein! Wie dem auch sei: Den Einstieg in
das Thema zu finden, den Leser gleich zu Anfang mitzureißen, gelingt Schmidt wesentlich besser, als einen griffigen Schluß zu
formulieren.

Kommen wir jetzt zu ein paar Einzelheiten. In der schon
einmal erwähnten "Eile der Brotarbeit"[2] zeigt Schmidt mitunter
stilistische Schwächen, die belegen, daß er seine "süßen Nichtigkeiten" und "Menageriebilder" ziemlich schnell schrieb und kaum
an ihnen feilte. Schmidt neigt zu umständlichen Formulierungen.
Nur ein Beispiel dafür:

> Im ewig großen "Don Quijote" nennt Cervantes Sanchos Frau
> an verschiedenen Stellen mit ganz verschiedenen Namen;
> läßt auch etwa (III, 9) jenem seinen Esel erst gestohlen
> werden, und schon fünf Minuten später trabt er fröhlich
> darauf weiter. (3)

Aus der Urfassung von "Finster war's, der Mond schien helle"
hat Schmidt später zwei Zeitungsartikel gemacht: "Im Eifer des
Gefechts" subsumiert alle Beispiele, die sich auf allgemeine
Nachlässigkeiten in Büchern berühmter Autoren beziehen, "Finster
war's, der Mond schien helle" faßt die Beispiele von Irrtümern

---

(1) Arno Schmidt: Der große Unbekannte. RHEINISCHE POST, 5.5. 1955
(2) Arno Schmidt: Große Herren - große Schnitzer. WESER-KURIER,
    Bremen, 11.03.1958
(3) Arno Schmidt: Finster war's, der Mond schien helle. HAMBURGER
    ANZEIGER, 02./03.10.1954

aus der Literatur zusammen, die im Zusammenhang mit dem Mond
stehen. Jene oben zitierte Stelle verbesserte Schmidt dann.

Ich hatte oben schon bemerkt, daß Schmidt bei der Suche
nach geeignetem Belegmaterial auch ein wenig mogelte. Hinzuzufügen wäre hier noch, daß er einige Male sich in seinen Zeitungsarbeiten derselben Beispiele bedient, dieselben Zitate bringt
und immer wieder auf folgende Autoren zurückgreift: Hoffmann,
Goethe, Schiller, Tieck, Lessing, Poe, Wieland, Jean Paul; keine
Gelegenheit wird ungenutzt gelassen, wo er nicht den Namen Fouqués anbringt. Aber auch weniger bekannte Autoren werden vereinzelt genannt, zitiert, empfohlen. Zum Beispiel Zacharias
Werner: Dessen "Dramen, voll ungebändigter Kraft und schweflichten
Glanzes, verdienten durchaus der Wiederbelebung [..]."[1] Der
nur noch antiquarisch gebildeten Germanisten bekannte Heinrich
Spieß wird erwähnt und sein Roman "Die Löwenritter", "einem
herrlich-aufschneiderischen, dialogisierten Roman, und ganz in
der Nachfolge von Goethes "Götz" geschrieben [..]."[2] Für Tina
Halein findet Schmidt dagegen wenig schmeichelhafte Worte: "Da
gab es im vorigen Jahrhundert in Mainz eine Romanschriftstellerin,
ungeheuer fleißig und ebenso platt, namens Kathinka Zitz"[3],
jene Kathinka Zitz alias Tina Halein, mit der Schmidt im Elysium
ein aufregendes Liebesabenteuer besteht.[4]

Zum Schluß möchte ich noch kurz auf den Inhalt der fast
zwei Dutzend Zeitungsartikel eingehen. Thematisch lassen sich
a priori drei Gruppen zusammenfassen: Die erste beschäftigt sich
mit den kleinen und großen Schnitzern in der Literatur: "Finster
war's, der Mond schien helle", "Im Eifer des Gefechts", "Oh, daß
ich tausend Zungen hätte" und schließlich "Große Herren - große
Schnitzer". Mit den Eitelkeiten, Verschrobenheiten und dem Aussehen von Dichtern befassen sich folgende Beiträge: "Die Struwwelpeter", "Nur Lumpe sind bescheiden", "Jean Paul sah aus wie

(1) Arno Schmidt: Die Struwwelpeter. WELT DER ARBEIT, 8.7.1955
(2) Arno Schmidt: Im Eifer des Gefechts. FRANKFURTER RUNDSCHAU,
    25.06.1955
(3) Arno Schmidt: Der große Unbekannte. RHEINISCHE POST, 5.5.1955
(4) Arno Schmidt: Tina oder über die Unsterblichkeit. In: DYA
    NA SORE, a.a.O., S. 392ff. Der Name Tina Haleins findet sich
    ansonsten nicht mehr in Schmidts Werk.

ein schläfriger Pächter", "Ich war wie besessen..." und "Die
großen Spinnen". In drei Zeitungsartikeln ist Schmidt verschiedenen Einflüssen auf die Literatur nachgegangen: "Doppelt
destilliert", "Einige Traumkunstwerke" und "Wortzauber".

Neben diesen drei Bündeln von Zeitungsartikeln gibt es noch
einige Beiträge zu den unterschiedlichsten Themen der Literatur
und Literaturgeschichte. Schmidt plaudert mal über Autobiogra-
phien, über Pseudonyme, Grausamkeiten oder der Kabbala in
der Literatur. Er macht auf die Unterschiede von Jugendwerken
und im Alter bearbeiteten 'Ausgaben letzter Hand' aufmerksam
und fabuliert über die längst vergangene Mode der Feenliteratur.

Keine tiefschürfenden Betrachtungen enthalten diese zwischen
1954 und 1956 entstandenen Zeitungsarbeiten Schmidts; es sind
leichtfüßige Arbeiten, die ihrem unmittelbaren Zweck, nämlich
Geld in den ärmlichen Haushalt der Schmidts zu bringen, voll
und ganz gerecht wurden. Aus dieser Sicht haben sie sich bezahlt
gemacht; und diesen Brotarbeitsaspekt darf man nicht vergessen,
wenn man einst bei der Lektüre von Schmidts gesammelten Zeitungsartikeln nicht versteht, wie Schmidt neben anspruchsvollen
Beiträgen solche Belanglosigkeiten produzieren konnte.

3.3   Autoren-Portraits

Wer auch nur einigermaßen mit Schmidts Werk vertraut ist,
wird sich wenig über die Namen derjenigen Autoren wundern, denen
Schmidt in seinen Zeitungsarbeiten kleinere oder ausführlichere
Betrachtungen widmete: Cooper, Moritz, Fouqué, Samuel Christian
Pape, Schnabel, Karl May, Joyce, Leopold Schefer, Gustav Frenssen,
Poe, Jules Verne, Wilkie Collins und Bulwer-Lytton. Beinahe über
jeden der hier genannten Autoren gibt es einen Funkessay von
Schmidt, über Karl May sogar eine umfassende Studie. Es sind
nicht in jedem Fall rein biographische Arbeiten, die Schmidt
präsentiert. Man findet neben Spezialuntersuchungen auch 'ge-
mischte' Arbeiten mit rezensierenden, biographisierenden und inter-
pretierenden Anteilen. Immer steht dabei Schmidts Absicht im
Vordergrund, seine erklärten Lieblingsautoren und Lieblingsbücher
einem größeren Publikum zugänglich zu machen. Doch auch eine
klar werbende Absicht für eigene Arbeiten und Übersetzungen
spielt bei der Auswahl der Autoren eine Rolle, beispielsweise
bei Fouqué, Collins oder Bulwer-Lytton. Für Schmidts Funkessays
wie auch für seine autorenbezogenen Arbeiten gilt "zu verhindern,
daß unsere Literatur gänzlich auf Kafka und Joyce einschrumpfte"[1],
also an vergessene oder verdrängte Autoren zu erinnern oder das
Werk eines bekannten Schriftstellers einer neuerlichen Revision
zu unterziehen.
      Begonnen hatte Schmidt 1954/55 seine 'Autoren-Portraits' mit
bescheidenen Arbeiten über Cooper und Karl Philipp Moritz. Beide
wirken noch etwas unbeholfen-holzschnittartig und sind auch aufgrund ihres geringen Umfangs mit späteren Zeitungsartikeln nicht

---

(1) Arno Schmidt: Leopold Schefer. DEUTSCHE ZEITUNG, 17./18.02.
    1962

zu vergleichen. Eins verbindet jedoch alle Zeitungsartikel in
dieser Abteilung: Schmidts Neigung nämlich, Selbsterlebtes in
den Biographien fremder Autoren zu entdecken. So heißt es beispielsweise über Karl Philipp Moritz:

> [..] geboren [..] in traurigsten Familienverhältnisse: "Die
> ersten Töne, die sein Ohr vernahm und sein aufdämmernder
> Verstand begriff, waren wechselseitige Flüche und Verwün-
> schungen des unauflöslich geknüpften Ehebandes" der Eltern.
> So knapp war das Geld, wie nur je in einer Arbeiterfamilie;
> und dazu der wilde Intellekt des Knaben [..] . (1)

Bei diesen Worten dachte Schmidt mit Sicherheit auch an seine
eigene arme Kindheit und Jugend in Hamburg. Weitere Gemeinsam-
keiten wären zum Beispiel die von Schmidt betonte kindliche
Isoliertheit Karl Mays, die starke Bindung Papes an die nieder-
sächsische Heidelandschaft oder das ungesellige Wesen des notorisch reiseunlustigen Frenssen. Durch die Bilder der so gezeich-
neten Autoren schimmern immer wieder Schmidts Biographie und
eigene Lebensgewohnheiten.

Aufgrund der Fülle des Materials will ich mich in diesem
Kapitel nur auf einen von Schmidt oft behandelten Schriftsteller
konzentrieren, auf Karl May. Zugegeben: Es gibt wichtigere Beiträge Schmidts, die zur Zeit immer noch nicht gedruckt vorliegen,
beispielsweise die aus drei großen Teilen bestehende Auseinandersetzung Schmidts mit dem Alterswerk von Joyce.[2] Ich wähle Karl
May allerdings aus zwei Gründen: Einmal weil Schmidt Mays Werk
neu wertete und ihm aufgrund dieser Einschätzung einen Platz in
der "Hochliteratur" zusicherte. Zweitens weil Schmidt die Machenschaften der Erben Mays, des Karl-May-Verlags in Bamberg[3], an-
prangerte und publizistisch ausschlachtete, was seiner Zeitungs-
artikelarbeit einen weiteren interessanten Aspekt verleiht. Und
keinem anderen Schriftsteller - abgesehen von Joyce - hat Schmidt

---

(1) Arno Schmidt: Der arme Anton Reiser. DIE WELT DER ARBEIT,
    01.04.1955
(2) Arno Schmidt: Das Geheimnis von Finnegans Wake.- Seines
    Bruders Schmäher.- Der Höllenschlüssel. DIE ZEIT vom 02.12,
    09.12. und 16.12.1960
(3) Der Karl-May-Verlag, ein Unternehmen der Familie Schmid in
    Bamberg, wird künftig mit KMV abgekürzt!

in seinen Zeitungsartikeln so viel Aufmerksamkeit geschenkt,
wie Karl May.[1] Durch sieben teilweise sehr umfangreiche Beiträge Schmidts über May werden wir nun marschieren müssen.

Im ersten Zeitungsartikel über May fragt Schmidt: "Gebührt Karl May eine Stelle im Kontinuum unserer Hochliteratur?"[2]
Diese Frage mußte 1957 provokativ wirken; denn erstens war May
Vielen Synonym für 'Schund' und zweitens wäre damals wohl kaum
jemand auf die Idee gekommen, den 'Kolportageautor' und 'Volks-
schriftsteller' May als einen "Hochliteraten" zum Objekt germa-
nistischer Forschung machen zu wollen. Schmidt betrat also Neu-
land.

Nach einem "allerknappsten Biogramm", das sich auf Mays
zeitweilige Isoliertheit und die daraus resultierende Fähigkeit
zu längeren Gedankenspielen beschränkt, nennt Schmidt die
ersten drei Schaffensperioden Mays: Verfasser von Dorfgeschichten
und historischen Novellen; Kolportageautor; Verfasser von Reise-
romanen. Diese drei Schaffensperioden sind für Schmidt vollkommen
indiskutabel,und Schmidt wendet sich gleich der vierten zu, die
May angeblich als "Hochliteraten" ausweist. Biographisch bedingt
durch Enthüllungen über Mays kriminelle Vergangenheit sowie durch
die "kühle Feststellung der Hochkritik, daß er ein Schriftsteller
fünften Ranges sei" werde May jetzt zu einer großen künstle-
rischen Leistung angetrieben. Zwei Werke sind es, die Schmidt
dem Leser als höchste Kunst anpreist: Band III und IV des Romans
"Im Reiche des silbernen Löwen", die als eine kunstvoll ver-
schlüsselte Autobiographie Mays zu lesen seien, in denen sich
"ein verblüffender, völlig unerwarteter Überschuß an Formgefühl"
zeige. Und zweitens der Roman "Ardistan und Dschinnistan", nach
Meinung Schmidts eine "mystische Großfabel", "bei der man die
Kühnheit und Anmut des Fortschreitens von einer Bilder- und Ge-
dankenreihe zur anderen, ohne sich etwas zu vergeben, voll be-

---

(1) Schmidts lange und intensive Beschäftigung mit May wird in
    seiner Bibliothek geradezu sinnlich faßbar: Hier ist ein ganzes
    Regal mit verschiedensten May-Ausgaben gefüllt!
(2) Arno Schmidt: Vom neuen Großmystiker. FRANKFURTER ALLGEMEINE
    ZEITUNG, 10.08.1957. Alle weiteren Zitate beziehen sich, wenn
    nicht anders vermerkt, auf diese Publikation. Ein Jahr zuvor
    war von Schmidt ein Funkessay zu diesem Thema gesendet worden,
    aus dem er ganze Absätze für seinen Zeitungsartikel verwendet.
    Siehe: DYA ÑA SORE, a.a.O., S. 150-193

wundern kann." Mays Roman sei der

> geheimnisvoll-zugängliche Beleg für das Vorhandensein
> einer eigenartigen, geschlossenen Gedankenwelt; eines
> Binnenreiches, sehr wohl vergleichbar dem "Orplid" Mörikes
> oder der "Gondal-World" der Brontes: ich weiß, was ich
> sage!
> In seiner vierten Periode war Karl May der bisher letzte
> deutschsprachige Großmystiker!

Bis hierher dürften auch die Verantwortlichen im KMV den Aus-
führungen Schmidts mit wohlwollendem Interesse gefolgt sein.
Doch dann kommt ein Schlußabsatz, der sich mit den zur Zeit im
Handel befindlichen Ausgaben der beiden bedeutenden Romane befaßt. "Bedauerliche Veränderungen" seien an diesen zwei Werken
Mays vorgenommen worden, Veränderungen, die das um Weiten besser
gewordene sprachliche Niveau Mays praktisch wieder auf die
Ebene des Volksschriftstellers May zurückschraubt. Für den
Forscher, der sich ernsthaft mit dem Spätwerk Mays auseinander-
setzen will, sind diese bearbeiteten und gekürzten Ausgaben
völlig unbrauchbar. Erfreulicherweise plane der KMV jedoch
eine kritische Ausgabe der beiden Spätwerke, immerhin ein be-
scheidener Hoffnungsschimmer am Horizont der ansonsten katastro-
phalen Textlage.[1]

Ging es Schmidt in diesem Beitrag noch um eine grundsätzliche Revision des May-Bildes, so möchte er in seinem zweiten
Aufsatz zukünftigen May-Forschern hilfreiche Hinweise geben,
besonders was die "Frage der Texte" angeht.[2] Aber noch einem
anderen Zweck soll dieser Zeitungsartikel dienen, wie aus einem
Brief Schmidts an Gottschalk, Mitherausgeber der ANDEREN ZEI-
TUNG, vom 16.06.1959 klar ersichtlich wird:

> Und nun das dickste Stück, die 'WINNETOUS ERBEN' : ich
> weiß, es ist unverschämt lang, und würde, inclusive Dia-
> gramm, anderthalb Zeitungsseiten füllen. Aber Sie würden
> mich sehr verbinden, wenn Sie es trotzdem bringen könnten.

---

(1) Eine kritische Textausgabe kam damals nicht zustande. Meine
Anfrage beim KMV, ob 1957 eine solche Ausgabe überhaupt geplant war oder ob es sich um eine bewußt lancierte Falsch-
meldung Schmidts handle, wurde mit eisigem Schweigen beantwortet.
(2) Arno Schmidt: Winnetous Erben. Karl May und die Frage der
Texte. DIE ANDERE ZEITUNG, 08.07. und 15.07.1959. Mit
"Winnetous Erben" ist hier nicht nur der Roman Mays gemeint,
sondern auch seine Erben, der KMV.

Es ist noch nie gedruckt worden; und zu einem ganz bestimmten, sehr dringenden und wichtigen Zweck geschrieben.
Evtl. lesen Sie doch bitte einmal meinen Essay über Karl
May in meiner 'DYA NA SORE', Ss. 150-190, zu dem dieses
Stück hier eine wichtige Fortsetzung=ERgänzung bildet.
[Der] Verlag plant nämlich, wie ich erfahren habe, eine
neue, verballhornte Ausgabe des bedeutenden Stückes; und
ein derartig massiver Schuß vor den Bug würde unfehlbar
viel unnötiges Unheil verhindern (wie es in 2 Fällen das
erwähnte Stück der DYA bereits getan hat). (1)

Schmidt möchte also die öffentliche Meinung mobilisieren, um zu

verhindern, daß der KMV abermals eine manipulierte Ausgabe von

Mays letztem Roman "Winnetous Erben" herausgibt. Anhand einer

vor ein paar Jahren erschienenen Edition dieses Werks präzisiert

Schmidt seine Vorwürfe gegen den KMV. Schmidt geißelt nicht

nur die Bearbeitungen und Kürzungen der Mayschen Originaltexte,

sondern vor allem deren inhaltliche Verfälschung, die ideologisch

bedingte Reduzierung Mays auf einen ewig kraftstrotzenden Rauf-

bold. May war nämlich am Ende seines Lebens Pazifist geworden,

hatte seine pazifistischen Ansichten in "Winnetous Erben" un-

verhohlen ausgesprochen und sich damit von den gewaltmäßigen

Tendenzen seiner früheren Bücher distanziert. Die Bearbeiter

des KMV - so Schmidt - verfälschten diese pazifistische Haltung

Mays ins genaue Gegenteil, indem sie sich auch noch eifrig dem

Vokabular des 3. Reiches anpaßten. Schmidts Schlußfolgerung

aus einigen von ihm dargestellten Verfälschungsfällen lautet,

"daß unter den Bearbeitern dieser heutigen WINNETOUS ERBEN

mindestens 1 Nazi gewesen sein dürfte!"[2] Und er fügt abschlie-

ßend hinzu:

Das ließe sich allenfalls noch begreifen, wenn man
im Karl-May-Verlag sich schon relativ früh entschlossen
hätte, diese Alterswerke unauffällig 'auslaufen' zu lassen;
denn zu den übrigen Bänden 'passen' sie - wenn man schon
durchaus die Mentalität kindlicher oder primitiver Käufer-
schichten zu berücksichtigen gedächte - wahrlich nicht.

---

(1) Dieses Zitat erfolgt nach einem Durchschlag des Original-
    typoskripts. Besitzer: Arno-Schmidt-Stiftung, Bargfeld.
(2) Arno Schmidt: Winnetous Erben (II). DIE ANDERE ZEITUNG,
    15.07.1959

Aber das Verfahren, derartige Verballhornungen bösartigster Tendenz in Umlauf zu setzen, darf nicht unwidersprochen passieren. Es stünde zu wünschen, daß der Verlag sich bald einmal öffentlich-nachdrücklich von einigen dieser Bearbeitungen distanzierte. (1)

Schmidts Vorwürfe gegen den KMV waren damals umso brisanter, weil Mays Werk mit seinen teutomanischen, antisemitischen und gewaltverherrlichenden Untertönen von einigen Kritikern als prä-nationalsozialistisch eingestuft wurde; bekanntlich war May auch der Lieblingsautor des 'Führers'. In diesem Zusammenhang hatte die von Schmidt kritisierte Ideologisierung Mays durch den KMV viel größere Bedeutung, als man heute ahnt. Eine "öffentliche Distanzierung" seitens des KMV gab es meines Wissens nicht. Der KMV hat sich öffentlich anscheinend nie mit Schmidts Argumenten auseinandergesetzt, sondern immer eine Strategie der Leisetreterei betrieben.

Äußerste Zurückhaltung übten die Verantwortlichen im KMV nach Schmidts Meinung, wenn es um die Herausgabe biographischen Materials ging. Anläßlich einer Neuausgabe von Mays "Ich - Leben und Werk", als Band 34 der Gesammelten Werke in mehreren Auflagen erschienen, bietet Schmidt in seiner 'Rezension' sowohl ein berichtigendes Kurzbiogramm als auch einen Vergleich der Erstfassung von Mays Autobiographie "Mein Leben und Streben" mit der in Band 34 abgedruckten bearbeiteten Fassung.[2] Schmidt bringt es auf einen Nenner: Der KMV betreibe mit seinen Manipulationen gnadenlos Geschichtsklitterung. So sei zum Beispiel alles, was sich auf Mays erste Frau Emma Pollmer beziehe, gestrichen worden, weil sie im Mayschen Originaltext "sehr schlecht" wegkomme. Was bleibt also übrig von diesem Band? "Eine Pseudo- und Viertelsbiographie [..] , ad usum delphini redigiert und kastriert: ein schlechtes Buch."[3]

Schmidt war mit dem Abdruck seines Artikels in der ZEIT

---

(1) Arno Schmidt: Winnetous Erben (II). A.a.O.
(2) Arno Schmidt: Reden wir ruhig einmal von Karl May. DIE ZEIT, 11.09.1959
(3) Arno Schmidt: Reden wir ruhig einmal von Karl May. A.a.O.

unzufrieden. An R.W.Leonhard schreibt er am 12.09.1959:

> Soeben erhalte ich den Druckbeleg des MAY - naja. Vom
> Standpunkt des Redakteurs, und auch des Lesers aus,
> sind die Streichungen und leichten Änderungen begreif-
> lich und vertretbar [sic!]; mir lag natürlich mehr an dem
> Teil, der am meisten gelitten hat : an dem umfangreichen
> Nachweis der Textverderbnis. Aber das ist ein weites Feld.
> Ich wollte Sie heute nur auf das Eine dabei aufmerksam
> machen : die Herren vom May=Verlag in Bamberg sind ein
> streitbares Völkchen; ich weiß das, und setze folglich
> meine Worte & Fakten grundsätzlich so, daß ein Protest
> schlechterdings von vornherein unmöglich ist - mich inter-
> essiert ja lediglich das wirklich bedeutende Spätwerk
> Mays; das ist eine literaturgeschichtliche 'Aufgabe', die
> mir durch die Umstände irgendwie 'zugefallen' ist. (1)

Bemerkenswert ist doch an dieser Äußerung, daß Schmidt Kürzungen
aus der Sicht von Redaktion und Leserschaft akzeptiert[2]; und
daß er diese Kürzungen nur in bezug auf den KMV nicht billigen
kann. Offenbar befürchtet er, daß eine zu dünn geratene 'Beweisführung' den KMV zu einem 'Gegenschlag' veranlassen könnte.

Das Erscheinen des 70. Bandes der Gesammelten Werke Mays
nimmt Schmidt abermals zum Anlaß, um auf möglichst rasche Publikation ungedruckter biographischer Materialien über May zu
dringen. Denn:

> Die Forderung nach einem "aktenmäßig belegten" 1000-Seiten-
> Band wird dadurch unüberhörbar, daß eines der zwei un-
> weigerlich unserer Hochliteratur zuzurechnenden Bücher Mays
> (nämlich die letzten Bände des SILBERLÖWEN) ohne eine solche
> Großbiografie weder genossen noch gewertet werden können:
> ein Schriftsteller, der ganz bewußt und recht kunstvoll
> sein Privatleben zum Thema eines Buches von 1200 Seiten
> gemacht hat, muß sich auch darüber klar gewesen sein, daß
> dereinst nach seinem Tode (und wenn keiner der Beteiligten
> mehr Kopfschmerzen darob bekommen könnte), eben dieses
> Leben als legitimes Hilfsmittel der Werkforschung aufs ein-
> gehendste herangezogen werden müßte. (3)

Wieder verlangt Schmidt eine textkritische Edition des Spätwerkes,

---

(1) Dieses Zitat erfolgt nach einem Durchschlag des Original-
    typoskripts. Besitzer: Arno-Schmidt-Stiftung, Bargfeld.
(2) Siehe dazu   die Seiten 64-68 meiner Arbeit!
(3) Arno Schmidt: Gesammelte Werke in 70 Bänden. FRANKFURTER
    ALLGEMEINE ZEITUNG, 25.03.1961

eine ausführliche Bibliographie, einen "möglichst umfangreichen"
Briefband und beklagt erneut die Zurückhaltung des KMV, in
dessen Händen sich wichtige Dokumente zu Mays Leben befinden.
Die Frage, ob ein solch uneingeschränkter Privatbesitz in jedem
Fall legitim sei und wer denn eigentlich die "Autoren vor ihren
Erben"[1] schütze, stellt sich Schmidt in seinem nächsten Zeitungs-
artikel zum Thema Karl May. Warum er ausgerechnet Karl May als
Demonstrationsobjekt für einen Diskussionsbeitrag zum Urheber-
recht wählt, erklärt Schmidt in einem Brief vom 15.07.1961 an
Karl Schumann von der SÜDDEUTSCHEN ZEITUNG so:

> Ich schicke Ihnen wieder einmal 2 Beiträge.- Und zwar:
> 1.) Eine Untersuchung betr. Willkürakte von Erben & Ver-
> legern der Allgemeinheit gegenüber. (Stoßen Sie sich bitte
> nicht daran, daß der Artikel am Ende als Haupt=Exempel aus-
> gerechnet KARL MAY vornimmt : dieser Mann, dessen Werke
> 16 Millionenfach in Umlauf sind - und jegliches Jahr kommt
> 1 neue hinzu! - wird nämlich in einem halben Jahr 'frei'.
> D.h. er ist im März 62 50 Jahre tot; das Copyright er-
> lischt; die Möglichkeit solider Ausgaben der hoch=mystischen
> Spätwerke bietet sich an - vielleicht ist Ihnen bekannt,
> daß es sich hier seit 6 Jahren um eine Art Fehde oder Tau-
> ziehen zwischen mir und dem May=Verlag, Bamberg, handelt.-
> Es wäre sehr schön und förderlich, wenn Sie mir hier
> 'Schützenhilfe' leisten könnten!). (2)

Schumann leistete diese "Schützenhilfe" gerne, und so kann Schmidt
am 8.8.1961 erneut gegen den KMV - um im Bilde zu bleiben - 'los-
schlagen'!

Ausgangspunkt für Schmidts Überlegungen ist ein in Schweden
in Kraft getretenes Gesetz, "nach dem es verboten ist, die Werke
eines Künstlers zu "bearbeiten" oder sonst zu verändern."[3]
Schmidt reißt nun heikle Probleme an und zwar nicht vom Standpunkt eines Juristen, sondern vom Standpunkt des Literatur-
wissenschaftlers; sie sollen als Anregung verstanden werden,
bestehende Gesetze zu revidieren, die beispielsweise folgenden

---

(1) Arno Schmidt: Wer schützt die Autoren vor ihren Erben? Ein
    Beitrag zur Diskussion über das Urheberrecht. SÜDDEUTSCHE
    ZEITUNG, 8.8.1961
(2) Zitat nach einem Durchschlag des Originaltyposkripts. Be-
    sitzer: Arno-Schmidt-Stiftung, Bargfeld.
(3) Arno Schmidt: Wer schützt die Autoren vor ihren Erben? A.a.O.
    Alle weiteren Zitate beziehen sich, wenn nicht anders ver-
    merkt, auf diese Publikation.

Mißständen nicht gerecht werden können:

> Wie etwa, wenn von einem bekannten Schriftsteller unver-
> öffentlichte Manuskripte vorhanden wären, hinreißendster
> Art; Tausende von Briefen, Tagebüchern, Akten bändeweis' -
> und seine Erben hielten die Sachen einfach zurück? Oder
> hätten begonnen, im großen Stil zu vernichten, weil "die
> Sachen ihnen peinlich" sind (oder gar "den Umsatz" ge-
> fährden könnten!)? [..] Ein solcher "Erbe" könnte sich also
> behaglich, ganz "im Panzer des Gesetzes", vor den ihn
> flehend-beschwörend umtanzenden Literaturhistoriker hin-
> setzen, Blatt auf Blatt an die brennende Kerze halten,
> und sadistisch dazu lächeln (beziehungsweise, was viel-
> leicht noch schlimmer wäre, borniert und abweisend ent-
> gegnen: "Die Sachen gehören doch mir! Damit kann ich doch
> machen, was ich will").
> Selbst ein bloßes "Abwarten" - weil man aus reinlichsten
> kommerziellen Erwägungen erst einmal die 50 Jahre des
> Copyrights verstreichen lassen und anschließend immer noch
> an dem großen Toten verdienen will - ist ja [..] im Grunde
> nicht zu vertreten.

Nach dem bisher Gesagten dürfte es ganz klar sein: "Der im Panzer
des Gesetzes" steckende Erbe ist der KMV, der zwar wertvolle
Manuskripte nicht vernichtet, aber zurückhält, teils um den
Umsatz durch 'Rufschädigung' nicht zu gefährden, teils um nach
Erlöschen des Copyrights noch an bisher ungedrucktem Material
verdienen zu können; und der "ihn flehend-beschwörend umtanzen-
de Literaturhistoriker", ohnmächtig dem durch Recht und Gesetz
gepanzertem KMV ausgeliefert, ist natürlich Schmidt.

Doch auch Schmidt gesteht den Erben eines Autors zu, daß
sie aus seinen Arbeiten "ihren Lebensunterhalt ziehen". Sollte
sich aber abzeichnen, "daß das Erbe nicht gehütet werde - wäre
dann nicht ein <u>Videant consules</u> am Platze?"[1] Selbstverständlich
wären auch "Pietätsgründe" zu berücksichtigen; "20 Jahre nach
dem Tode eines berühmten Mannes ist eine offene, umfassende
Biografie unmöglich!" Diese persönlichen Rücksichtnahmen dürfe
man jedoch nicht überstrapazieren. Denn die Künstler "sind nun
einmal [..] keine "Privatpersonen" mehr", und - wenn ein öffent-

---

(1) "Videant consules ne quid res publica detrimenti capiat,
    Die Konsuln mögen dafür sorgen, dass die Republik keinen
    Schaden leidet [..] ." Aus: Geflügelte Worte. Der Citaten-
    schatz des Deutschen Volks. Von Georg Büchmann. 11., umgearb.
    u. verm. Aufl. Berlin, 1879, S. 263

- 106 -

liches Interesse vorläge - müsse "der Forscher gegebenenfalls
erzwingen könne(n), daß alles Vorhandene durch den Druck zur
Aufbewahrung gegeben und dergestalt leicht zugänglich gemacht
werde [...] ." Derjenige Erbe aber, der für "weiße Flecke" in der
Biographie eines großen Schriftstellers gesorgt hat und der
"uns bewußt ganze Hektare von Urkunden vorenthielt, der [...]
"müßte bestraft werden"!" Wir können den Gedanken ja auch fortspinnen: Der verlöre sein Recht auf dieses im Interesse der All-
gemeinheit zu verwaltende Eigentum und müßte enteignet werden.

Nach diesen 'allgemeinen' Ausführungen kommt Schmidt endlich ganz offen auf den 'Fall May' zu sprechen. Ich spare mir
an dieser Stelle die immer wieder angeführten Beispiele, wie
wenig das Erbe Mays 'gehütet' wurde. Am 30.03.1962, so schließt
Schmidt seinen Beitrag, würde Karl May 'frei'; dies wäre ein
günstiger Zeitpunkt, um die Karl-May-Forschung beginnen zu
lassen. Doch Schmidt ist nach den bisherigen 'Leistungen' des
KMV skeptisch: "es steht uns da einiges bevor!"

Überspringen wir den nächst folgenden Artikel Schmidts zum
50. Todestag Mays, der zwar ausführlicher als alle anderen auf
Mays Leben eingeht, aber so ziemlich nach demselben Muster ge-
strickt ist: Biogramm, Werkübersicht, bedeutendes Spätwerk,
katastrophale Editions- und Forschungslage. Der letzte Beitrag
über May ist eine 'Rezension' der in Rowohlts "Bild-Monographien"
veröffentlichten May-Biographie von Hans Wollschläger. Zwei
Jahre zuvor, 1963, war Schmidts heftig umstrittene psychoanalytische May-Studie "Sitara und der Weg dorthin" publiziert
worden, in der Schmidt unter anderem Mays Sexualleben und Sexual-
phantasien eingehend untersucht hatte. Durch dieses Buch
war die Beziehung zwischen dem KMV und Schmidt sicher nicht
entspannter geworden. Schmidt leitet seine 'Rezension' gleich
mit einem Paukenschlag gegen den KMV ein: Von "dünnen Lichtlein"[1]

---

(1) Arno Schmidt: Ein Toast für Nummer 104. DIE WELT, 15.05.1965
    Alle weiteren Zitate beziehen sich, wenn nicht anders ver-
    merkt, auf diese Publikation.

ist da die Rede, "die uns der KMV [..] bisher angezündet hat".

[..] und was Leistungen & Pläne des Verlages betrifft, so
sind, ähnlich wie bei Leben & Taten des Meisters-selbst,
sämtliche Berichte darüber mit Vorsicht zu benützen, besonders die von Augenzeugen. Kurz [...] die Ergebnisse der
bisherigen, mit wahrhaft türkischer [sic! Es muß wohl
heißen: tückischer. W.R. Indolenz betriebenen "Forschung"
sind gleich Null! Schlimmer noch: das bizarre Mißtrauen
des KMV, zusammen mit seiner stereotypen Tendenz, May-Kritik
mit May-Beleidigung gleichzusetzen & möglichst sofort
"notarisch" zu reagieren, haben   bis 1962 - wo
speziell dies Spiel ein Ende hatte - wie ein Hemmschuh gewirkt; und anscheinend bei der Firma selbst allmählich
die Illusion hervorgerufen, daß das Schweigen des Geschehen-
lassens identisch sei mit dem Schweigen der Zustimmung.

Nun kommt Schmidt aber nicht umhin festzustellen, daß ausgerechnet der von ihm geschätzte Hans Wollschläger ein Mitarbeiter
des KMV ist; allerdings sei Wollschläger "der einzige wissen-
schaftlich integre Mann im sonst rein emotionell orientierten
Hohen Hause dort [..] ." Schmidt lobt Wollschlägers Buch unein-
geschränkt, bringt allerdings ein paar unvermeidliche ergänzende
Hinweise, da "Wollschläger selbstredend einige Akzente anders
setzt als ich [...] ." In summa haben die Leser aber " [..] das
erste verläßliche Portrait Karl Mays. Ein bedeutsamer Vorfrühling der May-Forschung." Daß es sich nur um einen "Vorfrühling"
handeln kann, daran ist nach Lage der Dinge der KMV schuld.
Noch einmal und eindringlich hält Schmidt dem KMV die Behin-
derungen und Versäumnisse der letzten Jahrzehnte vor Augen und
mahnt dessen literaturgeschichtliches Verantwortungsbewußtsein
an, das einer nationalen Pflicht gleichkommt: "Jene Familie
Schmid hält die unersetzlichen Manuskripte der Spätwerke für
ihren privaten Besitz? Sie irrt sich: es handelt sich um ein
Eigentum der Nation!"

Kommen wir zum Schluß. Ein "volles Menschenleben" konnte
Schmidt in seinen Zeitungsarbeiten über Karl May dem Leser
natürlich nicht präsentieren, sei es, weil die Forschungslage es nicht zuließ oder weil der Platz in einer Zeitung dafür
einfach zu gering ist. Doch er konnte unermüdlich für einen
Karl May werben, dem aufgrund seines "hochmystischen Spätwerks"
ein Platz in der "Hochliteratur" zusteht. Und Schmidt konnte

seine Zeitungsartikel geschickt zum 'Kampf' gegen den KMV
nutzen, der durch seine merkwürdigen Editionspraktiken tunlichst
darauf bedacht schien, den Ruf des 'Volks- und Jugendschrift-
stellers' May nicht zu gefährden, um weiterhin May gut kommer-
zialisieren zu können. Unter diesem Gesichtspunkt muß Schmidt
die Möglichkeit von Zeitungsarbeit ganz neu eingeschätzt haben.

Was Schmidt in seinen May-Beiträgen nicht brachte, muß
freilich auch erwähnt werden. In seinen May-Portraits lassen
sich auch ab 1962 keine psychoanalytischen Deutungsversuche
ausfindig machen.[1] Zwar erinnert er in seinem Beitrag "Sächsischer Janus" an Paul Elbogen, der May "eine "ideelle Homo-
sexualität" indiziert hat (allerdings mit noch unzureichender
Kenntnis des Materials)"[2], Schmidt erwähnt auch Freud, aber
er scheut sich, "das Werk des Alten eindeutig als reinrassiges
'Schwulen-Brevier' zu lesen [...]."[3] Noch augenfälliger wird
die Diskrepanz zwischen psychoanalytischer Lesart in "Sitara"
und ganz simplen   Erklärungsmustern in den Zeitungsartikeln,
wenn Schmidt die so lang anhaltende Wirkung Mays auf die Jugend
1961 so erklärt:

> Diese "Räuberpistolen" also halten sich nur deshalb noch,
> weil ein neuer "Jugendschriftsteller" dieses Schwerge-
> wichts seitdem noch nicht da war. (4)

Dagegen lautet die Antwort auf die Frage nach der Anziehungs-
kraft Mays in "Sitara":

> Es ist die pausenlose Besprühung, Berieselung, Überströmung,
> Überschwemmung des Lesers mit S-Wirkstoffen. (5)

Aber gerade von diesen Sexual-Wirkstoffen hört und liest man
nichts in Schmidts Zeitungsartikeln. Offensichtlich hat ihm der
Mut gefehlt, seine in "Sitara" aufgestellten Thesen einem größeren
Zeitungsleserpublikum bekannt zu machen. Viel wichtiger und vom
Medium Presse her gesehen wirkungsvoller war es, die teilweise
üblen Machenschaften des KMV einmal angeprangert zu haben.

---

(1) "Sitara", 1963 erschienen, war schon 1962 fertig geworden!
(2) Arno Schmidt: Sächsischer Janus. DEUTSCHE ZEITUNG, 24./25.03.
    1962. Böswillige könnten lesen: Sexischer anus.
(3) Arno Schmidt: Sitara oder der Weg dorthin. Frankfurt a.M.,
    1985, S. 211. (Reprint d. von Arno Schmidt autorisierten Erstausg.
    von 1963.)
(4) Arno Schmidt: Wer schützt die Autoren vor ihren Erben? A.a.O.
(5) Arno Schmidt: Sitara oder der Weg dorthin. A.a.O., S. 210

3.4 Rezensionen

Schmidts Verhältnis zur Presse, vor allem zu ihrem rezensierenden Teil, war von jeher gespannt. Auf Ablehnung rea-
gierte er äußerst empfindlich und schon 1952 ließ er den
SPIEGEL wissen:

> Ein Rezensent kommt mir manchmal vor wie der Mann, der
> eine Wolke betrachtet und ihr übelnimmt, daß sie nicht
> die Gestalt des Kamels angenommen hat, das er jeden Tag
> im Spiegel sieht. (1)

In dem Zeitungsartikel "Der Dichter und die Kritik" schildert
Schmidt eindringlich, wie destruktiv, ja lebenszerstörend die
Kritik wirken kann. Für den Schriftsteller ergebe sich nur eine
mögliche Konsequenz: Er sollte überhaupt keine Kritik lesen,
egal ob sie lobend oder tadelnd ausfalle. Diese Ignoranz gegenüber der Kritik unterstreicht natürlich nur die große Bedeutung,
die Schmidt einer Buchbesprechung beimaß, auch wenn er meinte:
"[..] die Kritik liest in acht Tagen kein Mensch mehr; das Buch
steht nach hundert Jahren noch in der Bibliothek."[2] Wieviel
Wert Schmidt jedoch auf die Buchbesprechung legte, zeigt fol-
gender Vorschlag, den er am 04.04.1961 R.W.Leonhardt von der
ZEIT unterbreitete, nachdem schon vor einiger Zeit sein Roman
"Kaff" erschienen und in der ZEIT unbesprochen geblieben war:

> Falls Sie Niemanden auftreiben sollten, der Ihnen das Un-
> wesen 'bespricht' - : dürfte ich=mich vielleicht in Vor-
> schlag bringen? (Natürlich in ein schickliches Pseudonym
> verhüllt). Aber ich glaube, es würde wirklich Zeit, daß
> mal etwas leidlich vernünftiges darüber gesagt würde - ich
> lese zwar keine Kritiken; aber meine Frau sagt, es sei
> bisher nichts namhaftes vorgebracht worden. (3)

---

(1) (Anonym:) Mensch nach der Katastrophe. DER SPIEGEL, 6.2.
    1952, S. 31. Auch in: Über Arno Schmidt. Hrsg. von Hans-
    Michael Bock. Zürich, 1984, S. 22
(2) Arno Schmidt: Der Dichter und die Kritik. NEUE-RUHR-ZEI-
    TUNG, 15.03.1958
(3) Zitat nach dem Durchschlag des Originaltyposkripts. Besitzer:
    Arno-Schmidt-Stiftung, Bargfeld. Mittlerweile ist der Brief
    abgedruckt in: Bargfelder Bote, Lfg. 110-112, Januar 1987,
    S. 13f.

Das Ansinnen Schmidts, seinen eigenen Roman "Kaff" zu
rezensieren, lehnte DIE ZEIT damals ab. Der ZEIT blieb damit
die Peinlichkeit erspart, Schriftstellern eine pseudonyme Platt-
form für Eigenrezension und -lob zu werden, die Schmidt-Leser
dagegen wurden um die mit Sicherheit interessanteste Rezension
von "Kaff" gebracht.

Von diesem pikanten Intermezzo abgesehen bekundete Schmidt
immer wieder, daß er ungern rezensiere:

> Manche meiner Kollegen rezensieren gern; das ist eine
> Arbeit, die mir immer sehr odios vorgekommen ist. Denn
> ich weiß am besten, wie schwer es ist, ein großes, selb-
> ständiges Buch auf die Beine zu stellen von fünf- oder
> sechshundert Seiten und ich richte ungern Leute hin. (1)

Konsequenterweise sparte Schmidt die fiktionale zeitgenössische
Literatur - bis auf die beiden Ausnahmen Kreuder und Andersch -
von vornherein aus. In dieser Beziehung konnte ihm niemand
einen Vorwurf von Gruppenzugehörigkeit oder Kumpanei machen;
denn Schmidt schrieb weder Gefälligkeitsrezensionen, noch ver-
wickelte er sich in literarische Kämpfe mit zeitgenössischen
Autoren oder Kritikern. Seine Buchbesprechungen zielten in
eine ganz andere Richtung. Wenn er schon rezensierte, dann
Übersetzungsarbeiten, Nachschlagewerke und Neuausgaben älterer
Werke.

Besonders hart ging Schmidt mit Übersetzungen ins Gericht.
Nachdem er schon 1956 in Benses AUGENBLICK eine Poe-Übersetzung
verrissen hatte, machte er sich ein Jahr später an ein Über-
setzungsmonument. Am 26.10.1957 erschien in der FRANKFURTER
ALLGEMEINEN ZEITUNG unter dem Titel "Ulysses in Deutschland"
Schmidts Kritik der Joyce-Übersetzung von Georg Goyert. Goyerts
Übersetzung konnte gerade im Jahr 1957 ihr 30jähriges Jubiläum
feiern. Sie galt unangefochten als die Joyce-Übersetzung schlecht-
hin, von Joyce selbst autorisiert, bewundert und geschätzt von
zahllosen Lesern und Kritikern. Da Schmidt den "Ulysses" von

---

(1) Arno Schmidt in einem Gespräch mit Rainer Hagen, erst-
mals gesendet am 18.01.1964 von NDR 2, wiederholt am 04.02.
1986 von NDR 3. 'Typisch' ist in diesem Zusammenhang, daß
Schmidt eine Kritik stets als 'Hinrichtung' begreift, ihr
offenbar nichts positives abgewinnen kann.

Joyce als "ein ganz großes Musterbeispiel"[1] neuer Prosaform
bewunderte, als eine Inkunabel der modernen Literatur, hielt
er es für recht und billig, sich der einzig gültigen und er-
hältlichen Übersetzung kritisch zuzuwenden, zumal er in ihr
zahllose Übersetzungsschnitzer festgestellt hatte. Die schlechte
Übersetzung, so meinte Schmidt, sei schuld daran, daß Joyce
sich in Deutschland nie so recht durchsetzen konnte: "Joyce
ist goldklar; unverständlich ist nur Herr Goyert." Schmidt
wollte Goyerts Übersetzung daher nicht nur 'hinrichten', "sondern auf gut irokesisch zerstümmeln", wie er an Andersch
schon am 23.12.1956 schreibt.[2] Schauen wir ihm eine Weile
dabei zu.

Nach einer einleitenden 'Verbeugung' vor Joyce kommt
Schmidt schnell zur Sache und stellt die These auf: "der
uns augenblicklich von den Schweizern servierte deutsche
'Ulysses' wirkt großenteils wie eine Parodie auf das Original!"
Zwei polemische Kernpunkte enthält dieser Leitsatz: Einmal
den Hinweis auf die Schweizer[3] - gemeint ist der Schweizer
Rhein-Verlag, in dem die Übersetzung des "Ulysses" erschienen
war - und zweitens den Vorwurf, es handele sich bei der Übersetzung teilweise um eine Parodie, das heißt, Goyert habe eine
- bewußt oder unbewußt angelegte - satirische Umgestaltung des
"Ulysses" vorgenommen. Nach diesem polemischen Paukenschlag
präsentiert Schmidt den Lesern einen "Kurzbeweis", indem er
Versatzstücke des Originals mit der Goyertschen Übersetzung
konfrontiert und anschließend die seiner Meinung nach korrekte
Übersetzung bringt. Absatz für Absatz belegt Schmidt im
folgenden die Schwächen der Übersetzung: Goyerts Wortschatz

---

(1) Arno Schmidt: Ulysses in Deutschland. FRANKFURTER ALLGEMEINE
ZEITUNG, 26.10.1957. Alle weiteren Zitate beziehen sich,
wenn nichts anders vermerkt, auf diese Publikation.
(2) BAN, S. 106
(3) Schmidt konnte die Schweizer nicht 'verknusen'; er hielt sie
für "Provinzler mit Provinzialgeschmack, die sich immerfort
-gegenseitig händeschüttelnd zur Kulturblüte gratulieren."
Arno Schmidt: Große Klage über deutsche Nachschlagewerke...
DIE WELT, 25.09.1965.- Goyert hat diesen Affront sehr wohl verstanden, denn in seiner Replik auf Schmidts Kritik in der FAZ
vom 6.12.1957 schreibt er: "Ich bin kein Schweizer, doch wäre
ich einer, so würde das am Wert oder Unwert meiner Arbeit
nichts ändern. Ich weiß nicht, warum Herr Schmidt etwas, was
seiner Meinung nach Schweizer Herkunft ist, höhnisch ablehnt."

ist für den "Ulysses" zu gering; die bei Joyce vorkommenden
Variationen des Adjektivs 'rot' ignoriert Goyert: "bei Goyert
ist alles abgesägt "rot"!"; sprachliche Feinheiten des Originals
werden "plattgewalzt"; Schmidt kritisiert den recht eigenwilligen Umgang des Übersetzers mit dem Original: Goyert fasse
Absätze zusammen, verändere die Interpunktion. Doch das, so
meint Schmidt, sei "alles nichts gegen die Rudel von Fehlern;
nicht Böcke, sondern ein ganzer Parc aux cerfs von Sechszehn-
endern." Goyert produziere "Tollhäuslerwendungen".

Aber auch die nackte Unwissenheit Goyerts fällt schwer ins
Gewicht, zum Beispiel wenn es um Eigennamen geht, "Worte, hinter
denen jeweils ganze Bündel von Fakten und Reminiszenzen stehen."
Der Leser "kann eins gegen eins wetten, daß Goyert sie [die
Eigennamen. W.R.] verballhornt hat." Doch selbst die bisher
entdeckten Schnitzer ertrüge der Leser noch, wenn sich nicht
Goyert der "unendlichen   Verstöße gegen Vokalharmonie und
Rhythmus" schuldig gemacht hätte. Damit zieht Schmidt die
Schraube der Beweisführung ein weiteres Mal an und demonstriert
anhand zweier Beispiele, wie leichtsinnig Goyert mit Lautmalerei
und Rhythmus umgeht.

Aufgrund des geringen Platzes in einer Zeitung kann Schmidt
natürlich keine umfassende Analyse der Übersetzung bringen. Über
dreißig Übersetzungsfehler hat Schmidt dem FAZ-Leser vorgelegt,
eine "oberflächliche, einwöchige Durchsicht ergab beiläufig
500 solcher Schnitzer", fügt er noch hinzu. Damit verstärkt
Schmidt den Eindruck, der sich schon beim Lesen der Kritik ergab: Daß es sich hier nicht um ein paar Zufallsfunde handelt,
die Schmidt nach mühevoller Sucharbeit herausgelesen hat und
die die Übersetzung Goyerts als Ganzes nicht in Frage stellen,
sondern daß es grundsätzlich um die Unfähigkeit Goyerts geht,
den "Ulysses" in angemessenes Deutsch zu bringen. Goyerts geringer Wortschatz, seine mangelnden Joyce-Kenntnisse, sein un-
sensibler Umgang mit der Sprache lassen Schmidt resümieren:

> genial übersetzt? Ein Bruchteil.
> handwerklich brauchbar (als Vorarbeit für den - hoffentlich -
> kommenden Besseren): die Hälfte.
> der Rest? Eine Satire auf das grandiose Original!

Diese in polemisch-ironischem Ton gehaltene Kritik blieb
nicht unbeantwortet. Am 06.12.1957 meldet sich in der FRANK-
FURTER ALLGEMEINEN ZEITUNG Georg Goyert zu Wort, der sich ausdrücklich auf die Autorisation seiner Übersetzung durch Joyce
beruft. Doch weder die Beschwörung des großen Meisters selbst,
noch solch allgemeine Formulierungen, "als Menschenwerk" sei
die Übersetzung nicht "fehlerlos", oder die Abwehr einiger
von Schmidt vorgetragenen   "Verschlimmbesserungen" können
den verheerenden Eindruck, den Schmidts Kritik hinterlassen hat,
mildern. Wie sehr sich Goyert an die Wand gedrückt fühlte, zeigt
sein Einwand, bei einer laut Schmidt mangelhaft übersetzten
Stelle handele es sich "augenscheinlich um einen Druckfehler
im englischen Text [..] ." Darauf kontert Schmidt in seiner Er-
widerung: "eher kann noch der englische Originaltext irren, als
die Übersetzung! Kommentar überflüssig."[1]

So scharfe Töne, wie   Schmidt sie anläßlich der Goyert-
Rezension gebraucht hatte, schlug er bei anderen Buchbesprechung nur noch vereinzelt an - läßt man einmal die Kreuder-
Rezension und die erwähnte Poe-Rezension außer acht. Er spart
nicht mit bissigen Bemerkungen oder mit harscher Kritik im
einzelnen, wie wir gleich noch sehen werden. Doch diese ausge-
feilte, typische Übersetzungsmängel komprimiert darstellende,
von der Sache her gewichtige und daher in einem etwas aufge-
regten Tempo vorgetragene Rezension sucht ihresgleichen in
dieser Rubrik.

In der Rezension des "Dubliner Tagebuch" von Stanislaus
Joyce, das Schmidt selbst übersetzt hatte, geht er auf die
Übertragung überhaupt nicht ein.[2] Das Buch wird, nach einer
kurzen allgemeinen Abhandlung über Tagebücher, als wichtiger
Beitrag zur Joyce-Forschung gewürdigt. Bemängelt werden die
dürftigen Anmerkungen und zahlreichen Streichungen, die der
amerikanische Herausgaber George Healey zu verantworten hat.[3]

---

(1) Arno Schmidt: Der Kritiker erwidert. FRANKFURTER ALLGEMEINE
    ZEITUNG, 06.12.1957
(2) Arno Schmidt: Ein vir quadratus. DER SPIEGEL, Nr 23, 03.
    06.1964
(3) Etwas naiv angesichts des 200-Seiten-Bandes scheint mir
    Schmidts stolze Bilanz: "Die deutsche Ausgabe konnte durch
    Rückfrage 10 Zeilen retten." Arno Schmidt: Ein vir quadratus.
    A.a.O.

Auch Schmidts Beitrag "Niemandes Betulichkeit"[1], im Untertitel nicht als 'Besprechung' sondern als "Betrachtung zur
deutschen Übersetzung von Ellmann's Joyce-Biograpie [sic!] "
bezeichnet, beginnt mit einer allgemeinen Ausführung - in diesem
Fall über die verschiedenen Qualitäten von Biographien. Trotz
einiger Bedenken lobt Schmidt Ellmann's Joyce-Biographie, hält
die Übersetzung für

> redliche Handwerkerarbeit; d.h. meist unnötig hölzern, und
> an Possen fehlt es natürlich gar nicht [..] . Aber da auch
> Ellmanns Original keinerlei Prosakunstwerk ist, könnte man
> über dergleichen immer noch achselzuckend hinweglesen.

Viel bedenklicher dagegen sind die Übersetzungen originaler
Joyce-Passagen; und "eine noch gußeisernere Belastung besteht
darin, daß uns auch diesmal wieder die GOYERT'schen Übersetzungen
als eine Art deutschen textus receptus aufgeschwatzt werden [..] ."
Schmidt läßt diese schöne Gelegenheit nicht ungenutzt, um noch
einmal heftig gegen Goyert und den Schweizer Rhein-Verlag zu
wettern:

> Wann wird man sich endlich im Rhein-Verlag zu der Einsicht
> (schweigen wir ganz vom öffentlichen Eingeständnis) durch-
> ringen, daß es absurd ist, im Vorwort darüber zu wimmern,
> wie "im deutschen Sprachbereich das Verständnis für J.J.
> nicht zu oft über ein paar seichte Verallgemeinerungen &
> literarische Schlagwörter hinaus gediehen sei" - wenn man
> mit der andern Hand eben dies Verständnis dadurch maßlos
> erschwert, ja manchmal schier unmöglich macht, indem man
> heute noch Übersetzungen in Kurs setzt und anpreist, die
> allenfalls vor 40 Jahren als 'erste Näherung' passieren
> mochten; heute jedoch in Beziehung nicht nur auf Rhythmus
> & Vokalharmonie, sondern selbst auf simpelste Richtigkeit
> in einem Grade mangelhaft wirken, wie es sogar in userm,
> um die 'Form' leider notorisch wenig bekümmerten Deutsch-
> land selten ist. [..] Sehr wohl ist JOYCE bei uns viel zu
> wenig gekannt & geachtet [..]: aber dafür nun ein Publikum
> verantwortlich machen zu wollen, erfordert schon eine ziem-
> lich matterhornige Stirn. Soll das einmal als Kuriosum in
> die Geschichte der Weltliteratur eingehen, wie man schweizer-
> seits den Genuß des ODYSSEUS [...] einfach blockiert hat? (2)

---

(1) Arno Schmidt: Niemandes Betulichkeit. KONKRET, Nr 8, August
    1962. Alle folgenden Zitate beziehen sich, wenn nicht anders
    vermerkt, auf diese Publikation.
(2) Ich zitiere diese Stelle so ausführlich, weil sich hier ge-
    wisse Parallelen zum Karl-May-Verlag ergeben; auch der Rhein
    -Verlag behindert als alleiniger Rechtsinhaber der Werke
    von James Joyce eine angemessene Rezeption dessen "Ulysses".

Doch das größte und entscheidende Handicap dieser Ausgabe besteht für den Benutzer im lücken- und fehlerhaften Register,
das sich Schmidt zum Schluß vornimmt. Er orientiert sich an
der Faustregel,

> daß ein mit Namen Zahlen Daten herrlich vollgepfropftes
> Stück dann hinreichend aufgeschlossen ist, wenn es für
> je 20 seiner Druckseiten, 1 doppelspaltige Seite Register
> beibringt.

Also hätte der 708 Seiten starke Band etwa 35 Seiten Register
haben müssen, bringt es aber nur auf 13![1]

Diese Faustregel hat   Schmidt merkwürdigerweise in
seiner Besprechung des Gesamtregisters zu Freuds Gesammelten
Werken nicht angewandt.[2] In diesem Zeitungsartikel empfiehlt
er zur Kontrolle eines Registers

> einmal das gerichtete Hinterherspüren bei Namen oder Sach-
> gebieten, mit denen man besonders vertraut ist, (das geht
> rasch, schier automatisch; verführt aber zu subjektiver
> Einseitigkeit); zum zweiten das ruhige "organische" Be-
> nützen während eines Jahres: das sichert eine untendenziöse
> Breite, und behütet vor ephemeren Ungerechtigkeiten. (3)

Trotz "subjektiver Einseitigkeit" schlägt Schmidt in seiner
Rezension des lange von ihm erwarteten[4] Registerbandes den ersten
Weg ein und muß sich von Alexander Mitscherlich, der Schmidts
Kritik wohl für "wichtig" hält, vorwerfen lassen: "Keiner der
Fehler ist so gravierend, daß er den Nutzen des Bandes auch nur
von Fern in Frage stellen könnte [..] ."[5]

Nicht nur Register, auch 'philologisches Beiwerk' forderte
Schmidts Kritik heraus. In der Besprechung einer Neuausgabe von
Paul Scheerbarts Werken halten sich zwar eine kritische Würdigung

---

(1) Schmidts 700 Seiten umfassende Fouque-Biographie bringt es
    immerhin auf 31 Seiten Register!
(2) Arno Schmidt: Zur Notausgabe das Notregister. SÜDDEUTSCHE
    ZEITUNG, 19.03.1969
(3) Arno Schmidt: Zur Notausgabe das Notregister. A.a.O.
(4) "warum fehlt der Registerband zum FREUD noch?" Arno Schmidt:
    Zettels Traum, a.a.O., S. 778
(5) Alexander Mitscherlich: Freud-Kenner. DER SPIEGEL, Nr 26,
    1969

Scheerbarts und Kritik an den Verfassern von Vor- und Nachwort rein quantitativ die Waage; während Schmidt aber ausruft:
"Druckt mehr von Paul Scheerbart!", muß er den Scheerbart-Fach-
leuten ins Stammbuch schreiben: "Vorwort, Nachwort und Anmerkungen sind von.blutigen Dilettanten um die Texte herum
garniert worden, und sie sind von einer heutzutage nicht mehr
erlaubten Naivität."[1] Um reelle Informationen zu Scheerbart,
sowie um eine solide Personalbibliographie würde der "material-
hungrige" Leser betrogen.

Interessant ist hier Schmidts Würdigung Paul Scheerbarts,
auf die ich kurz eingehen möchte, weil sie in ganz frappanter
Weise an die Kreuder-Rezension erinnert. Die 'Würdigung' Scheerbarts durch Schmidt besteht nämlich in einer Erklärung, warum
er Scheerbart nicht mag: Scheerbarts Helden arbeiten nicht,
sondern "empfangen rasch noch 100 Tausenmarkscheine"; Scheerbart feilt nicht an seinen Texten und liefert so "bestenfalls
eine Art Italienischen Salates"; seine Helden tragen "ver-
blasene Namen"; "flüchtig und locker kollert die Folge der
Einfälle zum Teil recht netter, zum Teil äußerst dubioser
Possen [..] , daß man von einer "Handlung" fast nie sprechen
könnte." Hinzu kommt noch Scheerbarts unangenehme Bohème-
existenz - "Biertrinken und Leuteanpumpen" -, der Schmidt sein
puritanisches Künstlerverständnis entgegenhält, wonach "ein
wirklich bedeutender Schriftsteller den Freien Künsten eben
leider knechtisch zu dienen hat." Daß Schmidt dennoch fordert,
man solle mehr von Scheerbart drucken, kann man folglich nur noch
seiner immensen 'Toleranz und Großzügigkeit' zuschreiben!

Stümperhafte Übersetzungen, mangelhafte Textanmerkungen,
ungenügende Register und Textstreichungen sind die vier wesent-
lichen Bestandteile von Schmidts Buchbesprechungen. Folgende
Erläuterung Schmidts aus einem Brief an Gottschalk von der
Hamburger ANDEREN ZEITUNG könnte man geradezu als program-

---

(1) Arno Schmidt: Seifenblasen und nordisches Gemähre. DIE
    ZEIT, 25.01.1963. Alle weiteren Zitate beziehen sich, wenn
    nicht anders vermerkt, auf diese Publikation.

matisch für seine Auffassung, was eine Rezension zu leisten
habe, bezeichnen. Am 06.11.1959 offeriert Schmidt seine Besprechung von James Jones "Die Entwurzelten", in der er die
zahllosen Textstreichungen der deutschen Ausgabe kritisiert,
mit den Worten:

> Ich gebe Ihnen heute wieder eine 'Besprechung'; die An-
> führungsstriche deshalb, weil es wiederum natürlich mehr
> sein soll : der massive Angriff auf eines der Kardinalübel
> unserer Zeit : die unverantwortliche Art, wie von den an-
> geblichen 'Hegemeistern des Geistes' mit den diversen
> Originaltexten umgesprungen wird. Wiederum ist also der
> filologische Teil, der 'beweisende' Teil das Kernstück;
> ich habe mich bemüht, ihn so un=langweilig zu servieren,
> wie möglich : aber nicht nur der - mir übrigens unbekannte,
> und auch völlig gleichgültige - 'Schuldige', sondern auch
> jeder Leser, muß durch die Fülle aparten Materials dahin
> gebracht werden, daß zumindest das Mißtrauen gegenüber
> den Paschas unserer bundesdeutschen Literatur ins berechtigt
> =ungemessene wächst, und überdem jeder ernsthafte Leser
> aufpassen lernt, und kein Taschenspielertrick dieser Art
> künftig unwidersprochen passiert. (1)

Nicht der Rezensent als Kunstrichter sondern als Hüter eines
korrekten Umgangs mit Texten steht so im Vordergrund von
Schmidts Buchbesprechungen. Dem Rezensenten fällt hier die Auf-
gabe zu, die Leser vor den eigenwilligen Manipulationen von
Verlegern, Herausgebern, Übersetzern, Bearbeitern zu schützen.
Deshalb fordert Schmidt in der Besprechung einer gekürzten
Cooper-Ausgabe sogar eine Zeitschrift, die ausschließlich Leser-
interessen vertritt, und darüber hinaus sogar eine Lobby für
Leser, einen "Leserschutzverband":

> Wo aber ist der Leser-Schutzverband, mit der eigenen unbe-
> stochenen Zeitschrift, die uns derb & redlich & mit Bewei-
> sen davor warnte : dem 'Tristam Shandy' des Winkler-Verlages
> nicht zu trauen, denn er tauge nichts; die Fischer'schen
> 'Entwurzelten' des JAMES JONES kopfschüttelnd abzulehnen,
> weil 400 Seiten gekürzt worden seien; den Govert'schen DE
> QUINCEY nicht zu erwerben, da im 'Opium-eater' 60% des
> Originals fehlen - oder eben auch dieses Heyne'sche 'Ravens-
> nest' mit Mißtrauen & -fallen zu betrachten, weil es sich,
> verglichen mit dem Original, um eine Pfuscherei handelt.

---

(1) Zitat nach einem Durchschlag des Originaltyposkripts. Be-
    sitzer: Arno-Schmidt-Stiftung, Bargfeld.

> Zumindest solange ich noch die Tasten schlagen kann, soll
> es nicht unwidersprochen bleiben, wie die Herren Verleger
> es sich herausnehmen, mit uns, den Verbrauchern, ihr Schind-
> luder zu treiben. Nichts liegt mir daran, irgendwelche
> (meist noch schlecht bezahlte) Kollegen über die Klinge
> springen zu lassen; aber das muß nach Kräften verhindert
> werden, daß sich Dummheit und Frechheit, ob in der Politik
> ob in der Kultur, als unangreifbar konstituieren. (1)

Der Rezensent Schmidt fühlt sich so als Advokat der Leser, der
hin und wieder "Grundsatzerklärungen" gegen die Eigenmächtig-
keit und Selbstherrlichkeit der Verleger abgeben muß; in diesem
Sinne verfaßt er gar keine Rezensionen, sondern nimmt bestenfalls die Gelegenheit wahr, "den Paschas unserer bundesdeutschen
Literatur" auf die Finger zu klopfen. Sein Selbstverständnis geht aus
einem Brief an Dr. Sperr von der SÜDDEUTSCHEN ZEITUNG noch
einmal klar hervor. Ihm bietet Schmidt am 21.10.1959 ebenfalls
die 'Besprechung' der "Entwurzelten" von James Jones an:

> Ich lege Ihnen heute eine 'Buchbesprechung' mit bei - es
> ist natürlich keine 'Besprechung'; denn ich liefere derlei
> absichtlich ganz selten; ich weiß, welch unsägliche Arbeit
> es darstellt, ein umfassendes Prosastück zu schreiben, und
> verschone die zeitgenössischen Autoren fast immer. Es sei
> denn, ein Eingreifen wäre 'prinzipiell' erforderlich, dann
> gebe ich durchaus eine 'Grundsatzerklärung' ab. (2)

Beschäftigt sich die Mehrzahl der 'Rezensionen' mit jenen
Ärgernissen, die der Leser Arno Schmidt nicht gewillt war hinzu-
nehmen, so müssen wir noch einen Blick auf die Buchbesprechungen
werfen, die Schmidt als Benutzer von Nachschlagewerken verfaßt
hat. Die erste uns vorliegende Rezension eines Nachschlagewerks
bzw. eines Fachbuchs, ist eine Besprechung von Fritz Lockemanns
"Gestalt und Wandlungen der deutschen Novelle".[3] Obwohl der Verfasser in seiner Studie über die Novelle von einem christlichen
Standpunkt aus argumentiert, fällt Schmidts Rezension über-

---

(1) Arno Schmidt: Der Triton mit dem Sonnenschirm. A.a.O., S. 408
(2) Zitat nach einem Durchschlag des Originaltyposkripts. Be-
    sitzer: Arno-Schmidt-Stiftung, Bargfeld. Eine "Grundsatzer-
    klärung" nannte Schmidt auch seine Kreuder-Rezension!
(3) Arno Schmidt: Die aussterbende Erzählung. Zu Fritz Lockemanns
    "Gestalt und Wandlungen der deutschen Novelle". DIE ANDERE
    ZEITUNG, 3.4.1958. Alle folgenden Zitate, wenn nicht anders
    vermerkt, beziehen sich auf diese Publikation.

raschenderweise nur wenig polemisch aus. Zwar prangert er
Lockemanns Ausleseprinzipien an und nennt auch den Grund,
warum Lockemann das Wichtigste von Tieck oder Hoffmann nicht
erwähnt, oder Hauff, Zschokke, Jean Paul und Hebbel ganz
ignoriert: " [...] ein Mann, der unter der Tarnkappe der Literatur
mit Begriffen wie "gottfern und gottnahe" arbeitet, weiß natürlich sachlich auch mit den größten Mustern der anderen Seite
nichts anzufangen." Inwieweit Lockemann in der Tradition völkisch
-nationaler Literaturhistoriker steht, wenn er etwa Binding,
Paul Ernst, Hans Grimm positiv hervorhebt, Kafka, Stefan
Zweig, Edschmidt dagegen abschätzig behandelt, untersucht
Schmidt nicht; diese Fragestellung hätte möglicherweise über
die von Schmidt bei Lockemann konstatierte

> Gleichsetzung von "schön-weiß und gut-staatserhaltend-
> göttlich"; und, im Gegenteil dazu, "Leidenschaft und
> Realismus-schwarz-ungesund-Chaos"

hinaus einen schärferen Ton in die Buchbesprechung gebracht.

Neben der Auseinandersetzung mit Lockemann gibt es noch
drei Rezensionen, die Schmidt Nachschlagewerken widmet. Dabei
nimmt er sich ausnahmslos Nachschlagewerke der DDR vor. Schon
1958 empfahl Schmidt in einem Beitrag über einseitige und
politisch opportunistische Kleinlexika, sich neben das west-
auch immer ein ostdeutsches Lexikon zu legen.[1] Das mußte insofern provokativ wirken, als alles, was aus 'dem Osten' kam,
entweder verteufelt oder ignoriert wurde. In dieser Hinsicht
stellen die drei Buchbesprechungen eher ein Politikum dar.
Daß der DDR lexikalische Vorreiterfunktion zukommt, hat Schmidt
in einer Besprechung des "Rückläufigen Wörterbuchs der Deutschen
Gegenwartssprache" gezeigt.[2] Zwar hat er an diesem Werk einiges
auszusetzen, betont aber, daß die - gegenüber der DDR - weitaus
wohlhabendere BRD nichts annähernd Gutes zu bieten habe, daß der
reiche Westen - verglichen mit Leistungen der Vergangenheit -

---

(1) Arno Schmidt: Hände weg vom Lexikon. FULDAER VOLKSZEITUNG,
    07.03.1958
(2) Arno Schmidt: Große Klage über deutsche Nachschlagewerke...
    und halbes Lob für ein Speziallexikon aus Leipzig. DIE WELT,
    25.09.1965

armseligste Produkte an Atlanten, Lexika und Wörterbüchern vor-
weist. Schmidt begrüßt das "Rückläufige Wörterbuch" aus der
DDR somit als ersten Schritt in die richtige Richtung, "selbst
wenn es bloß den Erfolg haben sollte, daß nunmehr auch "Der
Westen" sich aufgerufen fühlte, in dieser Hinsicht nicht dahinter
zu bleiben: satis est."[1] Unter diesem Gesichtspunkt betrachtet
Schmidt auch das Werden eines Schriftstellerlexikons in der DDR.
Er bringt ihm viel Sympathie entgegen, die sich nicht nur in
Ratschlägen und sachlichen Berichtigungen zeigt, sondern auch,
wenn er mit viel Nachsicht urteilt: "Auch in dem recht ungleichen
Wert-Niveau der Artikel drückt sich das typische 'Work in Pro-
gress' aus [..]."[2] In einer sechs Jahre später erschienenen Rezension des inzwischen auf zwei Bände angewachsenen Schriftstellerlexikons, möchte Arno Schmidt die Fortschritte honoriert
wissen, spart aber nicht mit anregender Kritik[3]Schmidt beschränkt sich dabei auf eine stichprobenhafte kritische
Musterung der einzelnen Lexikonartikel. Er verweist auf mancherlei Fehlurteile, auf 'vergessene' Autoren, auf falsche Akzent-
setzungen im Gesamtwerk eines Autors, auf sachliche Fehler und
schließlich darauf, daß man Schriftsteller aus "jenem nicht
überbevölkerten Doppelreich, wo Belehrung und Lesegenuß zu-
sammentreffen", übergangen hat, etwa Bachofen oder Freud. Trotz
dieser Kritik überwiegt doch seine wohlwollende Haltung gegenüber dem Unternehmen, die sich in diesen abschließenden Anregungen ausdrückt:

> Jetzt, wo man sich schon einer soliden lexicographischen
> Leistung gegenüber befindet, scheint beinah die Zeit ge-
> kommen, abstract-anspruchsvollere Hülfsmittel, zum
> selbständigen Weiterarbeiten, beizugeben.

Darunter versteht Schmidt beispielsweise Pseudonymenverzeich-
nisse oder kalendarische Hilfstafeln. Das sei "ein weites Feld;
und bleibt vielleicht einer dritten Ausgabe vorbehalten, die

(1) Arno Schmidt: Große Klage über deutsche Nachschlagewerke...
    A.a.O.
(2) Arno Schmidt: Literaturgeschichte im Werden. KONKRET, Nr 5,
    Mai 1963
(3) Arno Schmidt: Magnus nascitur ordo. FRANKFURTER RUNDSCHAU,
    14.06.1969. Die folgenden Zitate beziehen sich, wenn nicht
    anders vermerkt, auf diese Publikation.

ich dem nützlichen Buche aufrichtig wünsche."

Solche guten Wünsche stehen ziemlich einsam in der Gesamt-
menge von Schmidts Rezensionen. Denn in den meisten Fällen hielt
das besprochene Werk der Kritik Schmidts nicht stand.

3.5   Der Schriftsteller und die Politik

Arno Schmidt gilt heute zu Recht als aufmerksamer Chronist
der fünfziger Jahre, als scharfsinniger Beobachter der deutschen
Teilung; sein Werk wimmelt geradezu von politischen Notationen,
die ihn als 'Linken', als Gegner Adenauers und des christlich
-deutschnationalen Zeitgeistes ausweisen. Umsomehr muß es überraschen, daß sich in seinen Zeitungsarbeiten keine Beiträge
finden, die sich ausschließlich Tagesereignissen widmen.
Themen wie 'Pariser Verträge', 'Integration von Nazi-Größen
(wie Globke oder Oberländer) in den Adenauer-Staat', 'Wieder-
und möglich Atombewaffnung der BRD', 'Berlin-Krise', 'Mauerbau',
waren Schmidt keinen Zeitungsartikel wert. Selbst bei Unter-
schriftensammlungen findet sich - bis auf eine Ausnahme - sein
Name nicht. "Ich sah Ihre Unterschrift unterm Atomprotest der
'Kultur' : mich fragt man bei sowas anscheinend nie", schreibt
er am 10.04.1958 etwas indigniert an Andersch und fügt hinzu:

> Was man natürlich auch wiederum ehrenvoll auslegen kann :
> ich bin ohnehin notorisch derart 'dagegen', daß sich ein
> besonderer Hinweis erübrigt; denn wenn alle deutschen
> Literasten seit 10 Jahren so gepredigt & geflucht hätten,
> wie ich - dann ständen wir heute anders, und besser, da! (1)

Natürlich wurde auch Schmidt um Stellungnahmen zu aktuellen
Themen gebeten. So fordert ihn KONKRET am 05.04.1963 auf, an
einer Umfrage 'Warum sind Sie gegen ein deutsches Notstandsge-
setz?' teilzunehmen. Initiiert wurde diese Umfrage nicht nur
von KONKRET, sondern auch von den Zeitschriften JUNGE KIRCHE,
STIMME DER GEMEINDE und WERKHEFTE. Doch Schmidt, immerhin ein

---

(1) BAN, S. 171

regelmäßiger Mitarbeiter KONKRETS, weicht mit Hinweis auf die
kirchlich orientierten anderen Zeitschriften am 07.04.1963 aus:

> Ihre letzte Anfrage hinsichtlich einer Beteiligung an
> einem Protest gegen das Notstandsgesetz..... : ich demon-
> striere nicht Schulter an Schulter mit Theologen, die
> mich per Einschreiben=Eilboten der Hölle übergaben!
> (Und würde auch an Ihrer Stelle nicht gemeinsame Sache mit
> Typen machen, die nur zufällig mal gegen dasselbe wie Wir
> sind : wenn die Herren wieder. wie früher, nach Herzenslust
> mit dem Scheiterhaufen manipulieren könnten, möchten wir
> wunderliche Exempel von Toleranz erblicken. - Also dieses
> ohne mich : ich protestiere lieber allein.) (1)

Schmidt verspürte gar kein Bedürfnis, demonstrativ mit
anderen Schriftstellerkollegen gegen etwas anzugehen. Und er
verspürte auch kein Bedürfnis, sich mit einer politisch-kommen-
tierenden Tagespublizistik 'einzumischen', die durch Meinungs-
bildung aktiv ins gegenwärtige Tagesgeschehen eingreift. Die
wenigen 'reinen' politischen Artikel kreisen fast ausschließlich
um das Thema: Der Schriftsteller und die Politik.

So ist auch ein Beitrag Schmidts überschrieben, in dem
er "ein für alle Mal eine grundsätzliche Erklärung abzugeben"[2]
beabsichtigt. Schmidt, nach seinem Selbstverständnis "ein Gegner
[...]der wohllautenden Hypothese vom "Dichterwort, das die Welt
verändert"", erzählt darin eine "Geschichte, wie der unermüdlich
-tapfere Widerspruch eines Schriftstellers seinerzeit doch einmal diverse Großschweinereien von Thron und Altar verhindert
hat." Die Rede ist von Voltaire, der sich unerschrocken für die
Opfer des religiösen Fanatismus einsetzte, zwei Justizmorde auf-
deckte und erfolgreich die Revision der Fälle betrieb. Dieses
Engagement verhinderte gleichzeitig den Auftakt zu einer neuen
Protestantenverfolgung in Frankreich, der vielleicht Tausende
zum Opfer gefallen wären. Schmidt hatte als Zwölfjähriger von
diesen Vorfällen gehört, die ihm frühzeitig bewogen "zu
schärfstem Aufmerken auf Politik und wer immer solche betreibt,

---

(1) Zitat nach einem Durchschlag des Originaltyposkripts. Be-
    sitzer: Arno-Schmidt-Stiftung, Bargfeld. Auch in "Zettels
    Traum", a.a.O., heißt es auf S. 1203: "'protestiern' muß
    mann allein!"
(2) Arno Schmidt: Der Schriftsteller und die Politik. DIE ANDERE
    ZEITUNG, 07.02.1957. Alle weiteren Zitate beziehen sich,
    wenn nicht anders vermerkt, auf diese Publikation.

d.h.: Regierungen, Kirchen, Militär. Und zum schärfsten öffentlichen Widerspruch, sobald wir einen Mißstand zu entdecken
meinen; lieber einmal zu oft und lieber einmal zu laut, als
einmal zu wenig!" Für den Schriftsteller wäre es zwar ver-
lockender "den nächsten Fußpfad in Richtung Arkadien einzu-
schlagen. Wenn nicht gar [...] das noch bessere Teil zu erwählen:
"Es soll der Dichter mit dem König gehen"; da klingt freilich
das Geld noch munterer im Kasten!"[1] Aber so wie es unter den
Schriftstellern Hofschranzen gäbe, "Regierungssprecher", muß
es andererseits auch "gebürtige Schreckensmänner: wie mich,
ganz recht" geben. Denn die Herrschenden, so argumentiert Schmidt,
können aufgrund ihrer Bildung für sich sprechen. "Das arme,
gefolterte, sprachlos preisgegebene Volk aber bedarf nicht
minder einer dröhnenden Zunge!"

Schmidt bekennt sich also ausdrücklich dazu, Mißstände
öffentlich anzuprangern und als "Schreckensmann" für die Rechte
des sprachlos-ungebildeten Volkes einzutreten. Dieses Verständnis eines 'politischen Schriftstellers' mag auf den ersten
Blick überzeugen, doch beim näheren Hinsehen stellen sich Bedenken ein. Schmidt hat nämlich keinem Mißstand in der BRD
einen eigenen Zeitungsartikel gewidmet, sieht man einmal von
der Thematisierung der miserabelen Situation der Autoren in
der BRD ab. Zweitens mag dem "Schreckensmann" im 18. oder 19.
Jahrhundert, als der Anteil von Analphabeten noch sehr groß
war, eine unbestritten wichtige Rolle zugefallen sein. Aber
ob dieses Modell in die komplexe bundesrepublikanische Wirklichkeit der fünfziger Jahre paßt, wage ich zu bezweifeln. Ebenso
dubios ist es, mit einem undifferenzierten Begriff wie "Volk"
zu arbeiten. Schmidt verrät den Lesern nicht, was und wen er
genau darunter versteht. Und zu guter Letzt steckt in dem Anspruch des "Schreckensmann" ein gefährlich elitärer Ansatz.
Denn wer legitimiert eigentlich den solchermaßen politischen

---

(1) Als genau 25 Jahre später das Geld des Goethe-Preises in
Schmidts Kasten klingelte, begann er seine "Dankadresse"
mit den Worten: "Goethe [...] hat einmal, und vermutlich
völlig bewußt, empfohlen, der Dichter solle mit dem König
gehen." In: Der Rabe Nr 12, Zürich, 1985, S. 27. Eine
'kryptomnetische Leistung'?

Schriftsteller zu seinem Amt als Anwalt des "sprachlosen Volkes"?

Zweifel an der Argumentationsstärke Schmidts kommen auch beim Lesen des Beitrags "Die Wüste Deutschland" auf.[1) Darin beklagt er die "relative Öde unserer Literatur" und leitet sie ab von der "Tyrannei der Regierungen: wer "vorwärtskommen" will, muß drüben SED-Mitglied sein, bei uns Gottsucher." Schmidts Forderungen richten sich aber nicht definitiv gegen eine Änderung dieser politischen Verhältnisse, die der Kunst so hinderlich seien. Sondern er verlangt für Schriftsteller Freiräume, die durch "Immunität, als auch ein monatliches Fixum von 500 Mark" garantiert werden sollen. Wohlgemerkt: Freiräume werden nur für Schriftsteller reklamiert, die dann unbehelligt kritisieren und protestieren dürfen, nicht aber für die Restbevölkerung! Der fiele lediglich die Aufgabe zu, "pro Jahr und Kopf [..] 20 Pfennig" aufzubringen, um die Finanzierung des Unternehmens - 100 Schriftsteller unabhängig zu machen - zu tragen. Dieser letzte Vorschlag ist freilich als ironischer Seitenhieb Schmidts auf das Desinteresse der Bevölkerung an Kultur zu verstehen. Überhaupt entwickelte sich "das Volk", für das Schmidt früher noch als "Schreckensmann" sprechen wollte,   mehr und mehr zu einem Trauma für ihn. Spätestens 1963 hatte sich Schmidt von der Rolle des "Schreckensmann" verabschiedet. In einem langen Zeitungsartikel zum Thema "Schwierigkeiten heute die Wahrheit zu schreiben", das DIE ZEIT vorgegeben hatte, erklärt Schmidt:

> Ich bilde mir nicht mehr [sic! W.R.] ein, stellvertretend
> für eine auch nur einigermaßen ansehnliche Minderheit von
> fünf Prozent zu sprechen: Meine Zeitgenossen haben mir
> seitdem, nicht nur durch demonstrative Nicht-Teilnahme
> an meinen eigenen Arbeiten, sondern vor allem durch ihre
> "Stimmabgaben" dargetan - und sie wußten es alle, daß sie
> damit Dinge wie "Adenauer" und "Wiederaufrüstung" wählten -,
> daß sie meine diesbezüglichen Ansichten nicht nur nicht

---

(1) Arno Schmidt: Die Wüste Deutschland. DIE ANDERE ZEITUNG, 29.01.1959. Alle weiteren Zitate beziehen sich, wenn nicht anders vermerkt, auf diese Publikation.

teilen; sondern mehr noch: sie überhaupt nicht hören
wollen. (1)

Verständlich ist noch die Kränkung, die Schmidt durch die
Ignoranz des Publikums empfunden haben muß. Bedenklich dagegen,
mit welcher Leichtigkeit er über die Protestbewegung gegen
Aufrüstung und Atombewaffnung der Bundeswehr sowie über die
Opposition gegen Adenauer hinweggeht. Für ihn reduziert sich
angesichts von Menschen, "die sich selbst den Fleischer zum
König wählen", das Problem Schriftsteller - Politik darauf, wo
dem Schriftsteller "die geringste Zahl von Schreib- und Denk-
hemmungen droht." Er hat folgende Alternative vor Augen:

> Im Westen einen Staat christlich-bornierter notstandsge-
> setz-süchtiger 40-Stunden-Wöchner: Arbeiten will keiner,
> fernsehen jeder. Unterminiert von ehemaligen, immer noch
> hochüberzeugten Nazis (und ich bin mir nicht recht sicher,
> ob man sich ihrer nicht gar gern "bedient"). Im Osten ein
> Siebenmonatskind von "Arbeiterstaat", aus Mangel an Kohle
> und Eisen und Kunst dahinvegitierend. Schwer beim Rüsten
> sind beide. [..]
> Und da bekenne ich es denn ganz offen: Wenn ich mich einst
> früher oder später (und ich fürchte immer, es werde "früher"
> sein!) vor die Wahl gestellt sehen werde zwischen einer
> dann vollausgebildeten braunen und scharzen Diktatur (Gene-
> räle plus Katholiken) und einer "roten" - tcha, dann werde
> ich, gemäß meinem Prinzip der "geringeren" Denkhemmung",
> vermutlich den Osten wählen. Nicht jauchzend, wohlgemerkt,
> sonst wär' ich ja längst "drüben"; vielmehr wird es eine
> grausliche Wahl werden zwischen zwei "größeren Übeln" [..] .

Schmidt denkt also nicht mehr im entferntesten daran, auf die
Bevölkerung meinungsbildend zu wirken oder sogar dem "sprachlosen
Volk" seine Stimme zu leihen. Er beschränkt sich mittlerweile

---

(1) Arno Schmidt: Schwierigkeiten beim Schreiben der Wahrheit.
DIE ZEIT, 19.07.1963. Alle weiteren Zitate beziehen sich,
wenn nicht anders vermerkt, auf diese Publikation. In seiner
Kreuder-Rezension hatte er schon 1959 geschrieben: "Der Verfasser [Ernst Kreuder.W.R.] übersieht vollkommen, daß das
Volk unsere, der Wenigen, Ansichten nicht nur nicht teilt,
sondern sie auch überhaupt nicht hören will: die Deutschen
sind, und, nach Germanenart, geschlossen, längst wieder um die
gleiche Kurve gegangen wie 1933!" Arno Schmidt: Bedeutend;
aber... In: DIE ANDERE ZEITUNG, 28.10.1959

ganz darauf, eine Nische für seine schriftstellerische Arbeit
zu finden, wobei er sich in der beklagenswerten Situation befindet, zwischen zwei Übeln wählen zu müssen: Der Diktatur des
Proletariats im Osten und einer zukünftigen Diktatur von Militär
und Kirche im Westen.

Doch die grundsätzlich pessimistische Sicht Schmidts hin-
dert ihn nicht, Tabus westdeutscher Politik anzugreifen, beispielsweise,wenn er die Selbstgefälligkeit der BRD kritisiert,
die sich gebärdet, als habe sie die Demokratie erfunden. Er
wagt es sogar, sowohl den Ministerpräsidenten der UDSSR anzugreifen, der "verfügt, daß der Schriftsteller keine Literatur-
preise vom Ausland annehmen dürfe", als auch jenen westdeutschen
Außenminister, der "dekretiert, daß Bert Brecht gar kein ernst-
zunehmender Dichter sei - wovon der Betreffende (der Außenminister) den Teufel etwas verstand, was ja auch gar nicht
seines Amtes war und nur seine Urteilsunfähigkeit auf diesem
Gebiet überflüssig dargetan hat."[1]

Diese kleinen Ohrfeigen, die Schmidt austeilte, wurden
wütend aufgenommen. Ein besonders anschauliches Beispiel dafür,
wie "religiöser und nationaler Fanatismus" über Schmidt herfiel,
zeigt die Reaktion des konservativen Publizisten Dr. Emil Franzel auf Schmidts Beitrag in der ZEIT. Nach allerlei Weitschwei-
figkeiten kommt Franzel zu diesem Schluß:

> Was sich wie ein roter Strick, wie ein blutroter Strick,
> durch das ganze Gebabbel dieses und zahlreicher anderer
> Freiheitshelden der Sechsten Kolonne zieht, ist die zum
> Himmel schreiende Unwahrheit, daß sie bei uns unterdrückt
> und verfolgt werden, daß man ihnen verbietet, ihre poli-
> tischen Haßgesänge, ihre stumpfsinnigen Behauptungen über
> die Bundesrepublik oder ihre liebevollen Schilderungen
> sämtlicher [sic! W.R.] sexuellen Perversitäten zu schreiben,

---

(1) Bundesaußenminister von Brentano (CDU) hatte am 09.05.1957
im Bundestag erklärt: "Aber ich bin wohl der Meinung, daß
die späte Lyrik des Herrn Bert Brecht nur mit der Horst
Wessels zu vergleichen ist." Zitat nach: Vaterland, Muttersprache. Deutsche Schriftsteller u. ihr Staat seit 1945.
Berlin, 1979, S. 136. Abgesehen von dem wirksamen Verfahren,
Täter und Opfer in einen Topf zu werfen, scheint es
mir heute - 30 Jahre danach - bemerkenswert, daß in Adenauers
Riege auch ein Horst-Wessel-Fachmann saß. Ich meine das
gar nicht mal ironisch. Schließlich haben wir neuerdings
einen Goebbels-Spezialisten unter den Bundeskanzlern. Auch
das ist leider kein übler Scherz.

zu drucken, selbst zu loben und das Eigenlob in alle
Winde auszurufen, daß irgendein Gericht oder eine Be-
hörde sie hindern wollte oder könnte, Gesellschaft und
Staat durch ihre Propaganda zu unterwühlen. Und indem sie
zu dem Nutzgenuß der üppigsten Freiheit für catilinarische
Existenzen die Verleumdung fügen, dieser Staat sei ein
Muckerstaat, dieser Staat, dessen Toleranz hart an Anar-
chie grenzt, sei ein Abklatsch der Nazityrannei und
Ulbrichts Zuchthaus daneben doch noch eine Stätte der Freiheit, dienen sie – samt der Presse, die das druckt – eindeutig
dem Kommunismus, und zwar in seiner gefährlichsten Form,
also Chruschtschow, wie in seiner dreckigsten, also
Ulbricht. (1)

Dieses lange Zitat war nötig, um zu verdeutlichen, mit welchen
Gegnern[2] es Schmidt zu tun hatte und welches Klima in der BRD
herrschte; als 'Diener des Kommunismus' denunziert zu werden,
war eine schwere Anschuldigung, vergleichbar mit der Hetze gegen
sogenannte 'Sympathisanten' (von Terroristen) zu Beginn der
siebziger Jahre. Und man konnte bei weit geringeren Anlässen
in der von christlich-konservativen Politikern beherrschten BRD
in den Verdacht geraten, Handlanger der Kommunismus zu sein.

---

(1) Emil Franzel: ... optiert für Ulbricht. Arno Schmidt und
    die Wahrheit. DEUTSCHE TAGESPOST, 09./10.08.1963. Abge-
    sehen davon, daß Schmidt ausdrücklich von einer möglichen
    Diktatur in der BRD spricht, also hypothetisch argumentiert,
    war er gerade im Frühjahr 1963 erneut wegen seiner "Poca-
    hontas" angezeigt worden! Siehe: BAN, S. 224
(2) Ein Wort zu Dr. Emil Franzel. Dieser – übrigens Leitartikler
    des BAYRISCHEN STAATSANZEIGERS – hatte im September 1967
    im Regensburger TAGES-ANZEIGER angesichts von Anti-Springer
    -Demonstranten geschrieben: "Springer könnte sich die Wanzen
    bald vom Leibe schaffen, wenn er nicht so merkwürdige Hem-
    mungen gegen die Anwendung der einzig dafür tauglichen
    Mittel hätte. Man kann Ungeziefer eben nur mit den geeigneten
    mechanischen und chemischen Mitteln vertilgen, nicht mit
    gutem Zureden." Zitat nach: Studentenbewegung 1967-69. Hrsg.
    u. eingeleitet von Frank Wolff und Eberhard Windaus. Frank-
    furt a.M., 1977[2], S. 244. Also: Demonstranten = Ungeziefer,
    das man 'vertilgt' durch Totschlagen oder Vergasen. Damit
    nicht genug: Von der Deutschland-Stiftung erhielt Dr. Franzel
    1968 den Konrad-Adenauer-Preis für Publizistik, da seine
    Kommentare von "staatserhaltender Kraft" seien.

So hatte Schmidt in seinem Beitrag "Wüstenkönig ist der Löwe"[1]
unbefangen darüber geplaudert, daß die Wappen zahlreicher
Staaten von Raubtieren geziert werden, und sich anschließend
gefragt, wo man solche findet, "die einmal nicht aus der
'guten alten Zeit' der Raubritterschaft herrühren", sondern
"Bürger- und Bauernfleiß verherrlichen." Unter anderem vergleicht er die beiden deutschen Staaten in dieser Hinsicht:
"[...]im Osten Zirkel, Hammer, Ährenkranz; im Westen der uns
zum Überfluß geläufige herbarienplatte Schwarzadler!" Und er
empfiehlt dem Bundestag: "Ändert unser Wappen! Ins Mensch-
liche; ins Bürgerliche." Diese an sich harmlose Betrachtung
provozierte einen wütenden Kommentar in der DEUTSCHEN ZEI-
TUNG, deren Mitarbeiter sich echauffiert, als ginge es um
den Bestand der freiheitlich-demokratischen Grundordnung selbst:

> Nun kann es uns ziemlich gleichgültig sein, wenn jemand
> einen wilden Mann der Literatur markieren möchte, nicht
> gleichgültig aber ist es, wenn er dabei ausgerechnet die
> Zeichen des Bolschewismus als vorbildlich anpreist. Abge-
> sehen davon, daß Schmidt von Heraldik anscheinend keine
> Ahnung hat, sind uns die althergebrachten unbürgerlichen
> Adler und Löwen auf den Wappen einer bürgerlichen Republik
> tausendmal lieber als die zur Tarnung bestimmten, angeb-
> lich bürgerlichen Werkzeuge auf den Schildern von Gewalt-
> regimen. (2)

Man muß sich angesichts solch überzogener Reaktionen fragen,
was passiert wäre, wenn Schmidt einmal über weniger harmlose
Dinge wie Notstandsgesetzgebung oder SPIEGEL-Affäre geschrieben
hätte. Schmidt tat das nicht, aus Resignation, aus Furcht, als
schon einmal von der Justiz Belangter und wirtschaftlich nicht
abgesicherter Schriftsteller seine Existenz aufs Spiel zu
stellen. Wenn er sich daher nicht in gesonderten Beiträgen der
Tagespolitik zuwandte, so hielt er in anderen Zeitungsartikeln
seine politischen Ansichten nicht zurück. Zahlreiche politische

---

(1) Arno Schmidt: Wüstenkönig ist der Löwe. DIE ZEIT, 13.01.
    1961. Alle folgenden Zitate beziehen sich, wenn nicht anders
    vermerkt, auf diese Publikation, die erstmals am 25.07.
    1957 in der ANDEREN ZEITUNG erschienen war.
(2) W.Gs.: Angst vor wilden Tieren. DEUTSCHE ZEITUNG, 14.01.
    1961. Interessant ist auch, daß "Gewaltregime" keine Wappen,
    wohl aber "Schilder" besitzen!

Marginalien streut er in seine Zeitungsartikel ein, Warnung
vor der Aufrüstung, Zorn über Adenauers Restaurationspolitik,
vorurteilsfreie Betrachtung der DDR. Aber selbst diesen Äußerungen, die sich oftmals auf resignierte Klagen beschränken,
fehlt jener Impetus, mit dem man ins politische Tagesgeschehen
eingreifen möchte. Schmidt dokumentiert Mißstände, er macht
sie aber nicht zum Ausgangspunkt einer politischen Willens-
erklärung, die auf eine wirksame Abschaffung des Übels insi-
stierte. Er erzeugt in vielen Fällen ein Gefühl des 'Zu spät!',
das folgerichtig mit der eigenen angeblichen Machtlosigkeit
kokettiert. So stellt er beispielsweise in der Rezension von
Alfred Anderschs Buch "Sansibar" die historische Kontinuität
zwischen der BRD und dem 3. Reich her, indem er schreibt:

> [..] auch bei uns ist wieder die KPD verboten. Auch bei
> uns werden schon wieder jüdische Friedhöfe geschändet.
> Auch bei uns geht allenthalben wieder "Uniformiertes
> Fleisch" um. Auch 'uns' gilt - man sei doch ehrlich -
> Barlach oder der Expressionismus längst wieder als 'ent-
> artete Kunst'! (1)

Alle angeführten Punkte sind zwar wahr, und man könnte sie in
dieser Hinsicht ergänzen , doch Schmidt verzerrt insofern die
Wirklichkeit, als er das Ergebnis einer möglichen Entwicklung
einfach vorwegnimmt: Die neuerliche Etablierung einer Diktatur
von rechts. Prompt kommt er auch auf sein Lieblingsthema zu
sprechen: Emigration. Er empfiehlt seinen Lesern die "Flucht
als Protest".

Schmidt bringt also die politische Wirklichkeit auf den
Punkt, von dem aus man tatsächlich nur noch die Flucht ergreifen
kann. Er zieht sich auf einen Pessimismus zurück, der ihn als
Opfer der Politik ausweist und zu politischer Tatenlosigkeit
verdammt. Nie setzt er sich publizistisch für etwas ein, etwa
für den Protest der achtzehn Göttinger Professoren gegen die

---

(1) Arno Schmidt: Das Land, aus dem man flüchtet. DIE ANDERE
ZEITUNG, 24.10.1957

Atombewaffnung der Bundeswehr oder auch für die Partei, der er
offenbar bei der Wahl zum 4. Bundestag 1961 seine Stimme gab,[1]
nämlich der DFU. Resignation, Pessimismus, Fatalismus, die Unfähigkeit, Hoffnungsträger und Bündnispartner für eine andere
Politik zu gewinnen, das Ausweichen auf Individualprotest,
das Unvermögen, in größeren sozialen Zusammenhängen zu denken
setzten dem Schriftsteller Schmidt zu enge Grenzen, als daß er
in Zeitungen oder Zeitschriften Kommentare zur aktuellen Lage
hätte abgeben können. Seinem Anspruch "zum schärfsten öffentlichen Widerspruch, sobald wir einen Mißstand zu entdecken
meinen"[2], wurde er nur ansatzweise in seinen Zeitungsartikeln
gerecht. Schmidt war kein unpolitischer Schriftsteller. Aber
seine zahllosen Marginalien zur Politik in seinen Zeitungsartikeln lassen immer wieder deutlich werden: Die Hauptsorge
Schmidts besteht darin, wo und unter welchen Umständen die
Kunst gedeihen, möglicherweise eine Barbarei überstehen
könne. Der Kunst gebührt in diesem Sinne das Primat vor der
Politik.

---

(1) "Am 17.9. die 'Friedens-Union'." Arno Schmidt: Antworten
    auf Fragen der 'Zeit'. In: Der Rabe Nr 5, Zürich, 1984,
    S. 213. Am 17.9.1961 fanden die Wahlen zum 4. deutschen
    Bundestag statt.
(2) Arno Schmidt: Der Schriftsteller und die Politik. DIE
    ANDERE ZEITUNG, 07.02.1957

3.6   Fußnoten zur Welt- und Kulturgeschichte

"Speziell ich laboriere notorisch an einem [..] 'histo-
rischem Sinn'"[1), hat Arno Schmidt einmal bekannt. Ein ausge-
prägtes Geschichtsbewußtsein begegnet uns nicht nur in seinen
'eigentlichen Werken' oder in der breit angelegten Fouqué-Biographie, die sich mit Vorliebe historischen Ereignissen widmet,
sondern auch in einem knappen Dutzend Zeitungsartikel. Sie be-
handeln hauptsächlich Themen des 18. und 19. Jahrhunderts, auf
die Schmidt zum Teil sicherlich im Zuge seiner Arbeit an der
Fouqué-Biographie gestoßen war. Es sind allerdings nicht die
'Haupt= und Staatsaktionen' der Geschichte, denen sich Schmidt
zuwendet. Kein Portrait Friedrichs II., kein Abriß der '48er
Revolution findet sich, sondern vielmehr das, was man am Weg-
rand aufliest und was - wie wir noch sehen werden - in seiner
Bedeutung unterschätzt oder falsch eingeschätzt wurde (und
wird).

Schmidt berichtet beispielsweise von der Kooperation
europäischer Gelehrter, die 1769 den Venusdurchgang beobachteten,
um die Entfernung Erde - Sonne genau bestimmen zu können. Oder
er erzählt von den Abenteuern der "reisenden Dame" Lady Montague,
die als erste Europäerin den Serail besuchte. Eine kleine Geschichte von Flüchtlingsströmen ist ihm ebenso ein Artikel
wert, wie ein Beitrag über Mißverständnisse in der Geschichte,
die teilweise groteske Wirkungen hatten. Ein Zeitungsartikel
beschäftigt sich sogar mit einem antiken Kampfstoff: Das 'Griechische Feuer'. Auf dieses Thema war Schmidt eindeutig durch

---

(1) Arno Schmidt: Trommler beim Zaren. A.a.O., S. 323

seine Fouqué-Studien gekommen, denn es gibt von Fouqué ein ungedrucktes Schauspiel über "den erstmaligen Einsatz des so-
genannten "Griechischen Feuers"."[1] Zum näheren Umfeld der
Fouqué-Biographie gehören auch drei Beiträge über die napoleo-
nische Ära: "Das Musterkönigreich", eine Würdigung des König-
reichs Westfalen, "Kriegshafen Altenbruch", ein Bericht über
die Absichten Napoleons, für den Krieg gegen England in Altenbruch - unweit von Cuxhafen - einen großen Kriegshafen bauen zu
lassen und schließlich die "Legende vom braven Mann". Gemeint
ist damit der Buchhändler und Verleger Friedrich Perthes, dessen
dubiose Aktivitäten während der 'Erhebung' Hamburgs unter Tettenborn 1813 geschildert werden.

Eine "Notwendige Berichtigung, zugleich eine nachdenkliche
Probe verschiedenartiger Geschichtsauffassung" verspricht der
Untertitel des zuletzt genannten Beitrags. Schmidt zeigte sich
nämlich - was 'unterschiedliche Geschichtsauffassungen' betraf -
grundsätzlich skeptisch gegenüber 'historischen Wahrheiten'.
In einem Zeitungsartikel mit dem vielversprechenden Titel "Was
ist Wahrheit"[2] hat er dieser skeptischen Grundhaltung besondere
Aufmerksamkeit gewidmet:

> Frage: Was haben die Begriffe "Zeitung" und "Wahrheit"
> miteinander gemein? (Und man vergesse doch nie, daß auch
> unsere deutschen Gazetten bis Anfang Mai 45 immer noch
> siegten!) Oder - weniger anzüglich gefragt: Ist Wahrheit
> das, was der Macht gefällt?
> Zum Mindesten aber ist unbestreitbar die "Moral": Glaub'
> nicht alles, was Du liest!

Dieser ersten Binsenwahrheit, nicht alles zu glauben, was man
liest, hat Schmidt noch eine weitere hinzuzufügen. Er zitiert
aus dem "Mémorial de Sainte-Hélène" des Grafen Las Cases (1766-
1842), in dem der ehemalige französische Emigrant seine langsame
Wandlung vom Aristokraten zum Anhänger Napoleons schildert. Jahrelang waren er und seine adligen Freunde dem Vorurteil aufgesessen,

---

(1) Arno Schmidt: Fouqué und einige seiner Zeitgenossen. A.a.O.,
    S. 484f.
(2) Arno Schmidt: Was ist Wahrheit? FULDAER VOLKSZEITUNG, 15.08.
    1959. Alle folgenden Zitate beziehen sich, wenn nicht anders
    vermerkt, auf diese Publikation.

als warte das französische Volk sehnsüchtig auf die Rückkehr
der Emigranten und auf die Restauration des alten Staatswesens.
Las Cases, der sich später vom tatsächlichen Zustand des Landes
und von der wirklichen Meinung der Bevölkerung ein Bild machen
konnte, wurde von seinen Freunden ausgelacht und niedergeschrien,
als er ihnen Bericht abstattete. Sie konnten nicht glauben, was
in ihren Augen nicht sein durfte. Schmidt zieht daraus den Schluß:

> Unsere Meinungen und Vorurteile verfälschen nicht nur die
> Wahrheit, sondern können sie förmlich in ihr Gegenteil
> verkehren: Glaub nicht alles, was Du denkst.

Aber nicht einmal das, was man selbst miterlebt, was man mit
eigenen Augen sieht, dürfe man glauben. Diese These 'belegt'
Schmidt mit einer Anekdote über Sir Walter Raleigh[1], der im
Gefängnis sitzend mit eigenen Augen einen Zwischenfall beobachtet,
in Folge dessen ein Mann getötet wird. Als er am nächsten Tag
einem Freund von diesem Ereignis berichtet, bestreitet dieser
den solchermaßen von Raleigh geschilderten Vorgang und behauptet,
selbst Augenzeuge dieser Tat gewesen zu sein.

> Sir Walter Raleigh schwieg lange. Dann erhob er sich.
> Sprach: "Wenn ich ein Ereignis so falsch schildere, bei
> dem ich doch ein uninteressierter, unparteiischer Augen-
> zeuge war: wer steht mir für die Wahrheit von Ereignissen
> gut, die sich vor Jahrhunderten ereigneten?"

Damit nähert sich Schmidt fast schon einer agnostizistischen
Position, die bestreiten würde, daß man ein historisches Ereignis
überhaupt als 'wahr' erkennen könne. Doch Schmidts 'Agnostizismus'
ist gleichbedeutend mit ewigem Wissensdefizit, das man schritt-
weise abbauen müsse. Basis seines Forschens ist "ein – wenn man
will, resignierter; meiner Ansicht nach jedoch recht wohltuender –
Agnostizismus [..] ; dabei jedoch unermüdlich Jagd auf die eigenen
Irrtümer und Wissenslücken machen; und sonst eben fleißig
arbeiten."[2]

---

(1) Diese Anekdote verwertet Schmidt viele Jahre später auch in
    seinem Funkessay über Carl Spindler. Arno Schmidt: ... denn
    'wallflower' heißt 'Goldlack'. Drei Dialoge. Zürich, 1984,
    S. 92
(2) Arno Schmidt: Das Buch Mormon. DEUTSCHE ZEITUNG, 03./04.08.
    1963. Auch in: Trommler beim Zaren. A.a.O., S. 208

Von der Substanz her ist Schmidts Zeitungsartikel sehr
dürftig. Ein langes Zitat und eine nacherzählte Anekdote
bilden die zeilenschindende Basis des Ganzen, garniert mit
ein paar unbefriedigend wirkenden Antworten auf die Frage "Was
ist Wahrheit". Warum historische Ereignisse unterschiedlich ge-
wertet werden, wie denn "unsere Meinungen und Vorurteile" zustande kommen, welche Interessen Menschen bewegen, geschicht-
liche Vorgänge verschieden zu interpretieren, wären die mit
Sicherheit interessanteren und ergiebigeren Fragen gewesen.
So aber beschränkt sich Schmidt darauf, dem Leser eine skep-
tische Haltung gegenüber 'Wahrheiten' zu empfehlen.

Dennoch verfällt Schmidt in seinen Zeitungsartikeln nicht
einem scheinbar wertfreien 'Objektivismus', der unparteiisch
zu sein vorgibt. Schmidt bezieht sehr wohl Stellung in der
Geschichte und scheut sich nicht, historische Ereignisse zu
werten und damit den eigenen Standpunkt in der Gegenwart anzu-
geben. Seine Sympathien liegen in dieser Hinsicht eindeutig
auf Seiten der französischen Revolution, die er mehrfach als
"Unser Aller Mutter"[1] bezeichnet hat. Und besonders der Napoleo-
nischen Zeit hat Schmidt seine wohlwollende Aufmerksamkeit gewidmet.

"Das Musterkönigreich"[2]: Gemeint ist das durch Napoleons
Bruder Jérôme Bonaparte von 1807 - 1813 verwaltete Königreich
Westfalen. Diese Staatsneugründung dient Schmidt als Beleg dafür,
wie fortschrittlich, human und segensreich Napoleons Einfluß auf
Deutschland war, gemessen an der feudalen 'guten, alten Zeit'.
Im Gegensatz zu "billigeren Geschichtslehrbücher(n)", die "patrio-
tisch genug, sogleich vom "Joch des Korsen" und seinem "frevlen
Spiel mit Völkern und Thronen" [...] reden", meint Schmidt,
daß "die neuen Staatengründungen aus voll erwogener, reinlicher
Absicht geschehen" seien. Napoleon wollte nämlich " das politisch
-weltanschauliche Vakuum zwischen Rhein und Weichsel aus(zu)-

---

(1) Arno Schmidt: Germinal. Vom großen Kalender. DIE ANDERE
    ZEITUNG, 05.03.1959. Auch in: Trommler beim Zaren. A.a.O.,
    S. 196
(2) Arno Schmidt: Das Musterkönigreich. FRANKFURTER RUNDSCHAU,
    05.10.1957. Alle folgenden Zitate beziehen sich, wenn nicht
    anders vermerkt, auf diese Publikation.

füllen und für den Westen (zu) gewinnen." Und zwar nicht durch
eine dauerhafte Gewaltherrschaft, sondern durch die Schaffung
eines "Musterkönigreichs", das die übrigen Länder Deutschlands
und ihre Bürger durch "die Segnungen der Französischen Revolution, speziell die Hebung des dritten und vierten Standes
sowie eine konstitutionelle Regierung" von den Vorteilen der
neuen Gesellschaftsordnung überzeugen sollte. Denn wie hatte
es bislang in den deutschen Kleinstaaten zur 'guten, alten Zeit'
ausgesehen?

> Tortur; Todesstrafe durch Vierteilen oder Verbrennen bei
> lebendigem Leibe; Untertanen sind zu haben, 4 - 8 Taler
> das Stück, für Fremdenlegionen aller Art; Leibeigenschaft,
> Frondienste; Stockprügel bei der täglichen Soldatenaus-
> bildung und Spießrutenlaufen selbst für gelindere Dienst-
> vergehen; Vorrechte des Adels: der adlige Beamte führte
> einen ganz anderen, wohlklingenderen Titel als der bürger-
> liche, der das gleiche Amt versah, oder der adlige Guts-
> besitzer übte selbst die niedere Gerichtsbarkeit in der
> Umgebung aus.

Schmidt mißt die Verbesserungen und Neuerungen im Königreich
Westfalen erfreulicherweise einmal nicht daran, wie es dem
Dichter in diesem Staatswesen erging, sondern zunächst an
einem Berufsstand, der ihm sonst überhaupt nicht behagt: Der
Soldatenstand. Abschaffung der Stockschläge, garantiert bessere
Behandlung der Mannschaften durch Offiziere, Erhöhung des Wehr-
solds und soziale Absicherung der Invaliden, sowie die Tatsache,
daß jeder gemeine Soldat auch Offizier werden konnte,waren nach
Schmidts Meinung die herausragenden, fast revolutionären Verbesserungen des Militärwesens. Auch die Justiz wurde grundlegend
neu geordnet, die Gleichheit aller vor dem Gesetz sichergestellt,
die Gerichtsverfahren öffentlich gemacht. Drittens betont Schmidt
die Toleranz, besonders in Religionsfragen, die das neue liberale
System mit sich brachte: "selten nur hat in einem Staate eine
solche Parität der verschiedenen Konfessionen geherrscht als
gerade in diesem Musterkönigreich." Das kam insbesondere den
Juden zugute, die endlich von entwürdigenden Sonderbehandlungen
befreit und den anderen Bürgern juristisch gleichgestellt

wurden. Wenn man auch das "Verzeichnis der wohlmeinenden Re-
formen [..] noch fortsetzen" könnte, so stellt sich Schmidt zum
Schluß die Frage, was denn zum Scheitern des "Musterkönigreichs"
führte. Hauptursache war die enorme Steuerlast, die Napoleon
dem jungen Staatswesen aufbürdete; er brauchte das Geld für
die Feldzüge im Osten Europas. So ist in "Napoleon selbst, der
seine doch wirklich kühn und fortschrittlich geplante Schöpfung
bis zum letzten Tropfen auspreßte (auspressen mußte!),[..] der
eigentliche Unstern Westfalens zu sehen." Doch auch der schroffe
Bruch mit der Tradition und vor allem "eine skrupellose nationale, selbst bedenkliche Mittel nicht verschmähende Propaganda"
gegen die Franzosen führte zum Scheitern der Reformideen. Und
um den ideologischen Nebel dieser "nationalen Propaganda" dreht
sich der schon oben erwähnte Beitrag über Friedrich Perthes,
der gemeinhin als Vorkämpfer deutscher Einheit und bedeutender
Verleger gilt. Anlaß für Schmidts Auseinandersetzung mit Perthes
und den Hamburger Ereignissen von 1813 ist die Darstellung von
Urban Roedl, die dieser in einer Matthias Claudius-Biographie[1]
aus "christlich-konservativer"[2] Perspektive liefert. Schauen
wir uns kurz das Portrait des "braven Mannes" Perthes an, denn
es ist ein Kabinettstückchen Schmidtscher Polemik.

Da ist zunächst von Perthes "dürftiger Schulbildung" die
Rede, die dem zukünftigen "Verleger nur nützen kann; der Geist
als Widersacher des Geschäfts!" Die Leipziger Buchhändlerlehr-
zeit nutzte Perthes, um "nach eigenem unschuldigem Geständnis,
die "literarischen Bedürfnisse der verschiedenen Gegenden
Deutschlands"" kennenzulernen; "also ebenso wie ein künftiger
Textilkaufmann sich informiert, wo man Sepplhosen trägt, und
wann man Lodenjoppen anbieten darf", fügt Schmidt ironisch

---

(1) Urban Roedl [d.i. Bruno Adler] : Matthias Claudius. Sein
    Weg u. seine Welt. Berlin, 1934. Schmidt benutzte sicher
    die zweite, 1950 im Rowohlt-Verl. erschienene Ausgabe!
(2) Arno Schmidt: Legende vom braven Mann. Notwendige Be-
    richtigung, zugleich eine nachdenkliche Probe verschieden-
    artiger Geschichtsauffassung. DIE ANDERE ZEITUNG, 16.04.
    1959. Zum großen Teil ist diese Darstellung wörtlich der
    Fouqué Biographie entnommen; der Zeitungsartikel wertet
    Perthes durch schärfere Formulierungen viel entscheiden-
    der ab. Vgl. Arno Schmidt: Fouqué und einige seiner Zeitge-
    nossen. A.a.O., S. 281f.

hinzu. Der "Konjunkturritter" Perthes eröffnete in Hamburg eine
Buchhandlung - "Bedürfnisanstalt" nennt Schmidt das Etablissement
am Jungfernstieg - , trieb nebenher aber auch ganze andere Geschäfte: "Grundstücksspekulationen wurden nicht verschmäht;
andererseits wird von seinem "schlechten Zahlengedächnis" ge-
sprochen - ich stelle mir vor, armen vorschußheischenden Autoren
gegenüber." Weitaus fragwürdiger war aber sein verlegerisches
Engagement. Einerseits machte Perthes sein Geld mit der gegen
die französische Herrschaft gerichteten 'nationalen Bewegung'
und gab das "Vaterländische Museum" heraus.

> Auf der anderen Seite edierte und vertrieb er mit der
> gleichen bauchrednerischen Geschicklichkeit einige hundert
> Bücher in französischer Sprache; zumal, nachdem die Stadt
> 1810 dem Kaiserreich einverleibt worden war, wußte er sich
> das Recht zur Herausgabe aller Verordnungen und Gesetzes-
> sammlungen zu verschaffen.

Nachdem Tettenborn, "der tatkräftige Förderer der metternichschen Stammreihe", im März 1813 als 'Befreier' - Schmidt setzt
das Wort in Anführungsstriche, um die Fragwürdigkeit dieser Befreiung zu unterstreichen - in Hamburg eingerückt war, "da schien
es auch Perthes endgültig an der Zeit, in männlichem Zorn auf-
zulodern." Perthes wurde Förderer und Offizier der 'Bürgergarde'
und der 'Hanseatischen Legion'. Der nationale Taumel, in dem
sich Perthes und seine Freunde befanden, machte sie allerdings
einigermaßen unfähig zu einer nüchternen Einschätzung der Lage:

> Hätte niemand anders als die Herren selbst sich mit solchen
> Affenstreichen vergnügt, so wäre das Schauspiel lediglich
> belächelnswert gewesen; so aber ruinierte ihr verantwor-
> tungsloses Treiben eine ganze Großstadt! Denn keiner von
> ihnen hielt einen Augenblick inne, um sich zu fragen, wie
> denn ein nur auf Beute und wüstem Ruhm bedachter vagieren-
> der Freischärler wie Tettenborn, mit ganzen 1400 Mann
> leichtester Reiterei, Norddeutschland von den Franzosen
> "reinigen", oder auch nur Hamburg gegen den unweigerlich
> zu erwartenden Gegenstoß verteidigen wollte!

In der Tat ließ der französische Gegenstoß nicht lange auf sich
warten. Im Mai 1813 schon rückte Marschall Davout in Hamburg ein,

Tettenborn zog ab, die 'Bürgergarde' wurde schnellstens aufge-
löst und Perthes, "Frau, Kinder und Gepäck mit gauleiternder
Virtuosität rettend" floh aus Hamburg,

> während das betrogene Volk den Vergeltungsmaßnahmen über-
> lassen wurde: "Goldne Tresse / Große Fresse / wenns los
> geht nicht da / Überschrift: SA."

Nach der endgültigen 'Befreiung' Hamburgs von den Franzosen kehrte Perthes nach Hamburg zurück und gebärdete sich
"so zeitgemäß-restaurativ", daß er gute Geschäfte mit Karriere ver-
band, unter anderem "die hamburgisch-altonaische Bibelgesell-
schaft" gründete, "in der richtigen Erkenntnis, daß er einen
Fürsprecher im Himmel wohl nötig haben möchte", witzelt Schmidt.
Einen "fromm-schäbigen Charakter" attestiert Schmidt dem Verleger Perthes abschließend, unter anderem deshalb, weil Perthes
schamlos seinem Freund Fouqué "ins Gesicht hinein schmeichelt,
und sich genau gleichzeitig in Briefen über ihn lustig macht";
später ignorierte Perthes seinen Duzfreund Fouqué ganz, als
dieser - mittlerweile in großer Armut lebend - ihn dringend um
Übersetzungsaufträge bat.

Es ist fraglos so, daß Schmidts allgemeine Aversion gegen
Verleger in die 'Würdigung' Perthes mithineinspielt. Doch wich-
tiger ist hier die historische Perspektive des Zeitungsartikels.
Ein lokales Randereignis des Krieges 1813/15 bekommt in der
Rückschau dadurch besonderes Kolorit, weil im Hintergrund die
gerade erst erlebte Gegenwart, das 3. Reich, sichtbar wird.
Unschwer erkennt man diesen Zusammenhang an der Sprache Schmidts:
Von "gauleiternder Virtuosität" ist die Rede, "volksturmhaft"
werden "völlig unausgebildete Bürger und Bauern" mit "Waffenersatz"
ausgerüstet, ein Spottvers auf die SA wird zitiert. Noch schärfer
treten die Bezüge hervor, wenn Schmidt von Varnhagen - auch einem der
Beteiligten der Hamburger Ereignisse - schreibt:

> Alles war verloren. Und Varnhagen, einer der glattzüngigsten
> Geschichtsverdreher aller Zeiten, entblödet sich nicht, in
> seinen "Erinnerungen" [..] also zu schreiben: "Es war jetzt,
> gleichviel durch wessen Schuld (sic!) mit Hamburg auf das

äußerste gekommen, wo es nur noch galt, sich bis zur Ver-
zweiflung zu wehren, und lieber unterzugehen, als sich zu
ergeben." Welch vertraute Klänge, wie?! [..]
Solch goebbels'sche Äußerungen eines Elenden lesen zu
müssen, der, wie Perthes, durchaus mitverantwortlich für
das folgende große Desaster gewesen ist; und dann auf einmal nicht mehr weiß, "durch wessen Schuld" es so weit kam!
Nun, wir erleben ja täglich Gleiches.

Obwohl es so scheinen mag, setzt Schmidt hier die "braven
Männer" nicht völlig mit NS-Ideologen gleich. Ihm kommt es vielmehr auf die nationalistische Tendenz an, die seit den "Be-
freiungskriegen" bis heute in allen möglichen Variationen eine
Grundströmung der deutschen Geschichte bildet. Der aktuelle
Bezug reicht über das 3. Reich hinaus bis in die Gegenwart
der fünfziger Jahre: Denn auch da können sich wieder jene
opportunistischen "fromm-schäbigen" Charaktere "zeitgemäß-restaurativ" entfalten, die plötzlich nicht mehr wissen, ""durch
wessen Schuld" es so weit kam!" Schmidt hat einen Nationalismus
im Auge, der sich im 19. Jahrhundert nicht selbstbewußt aus
dem Kampf gegen den Adel definierte, sondern den 'Feind' immer
nur außen sah; der lieber einen metternichschen Gewaltstaat in
Kauf nahm, als sich einem westlich orientierten, konstitutio-
nellen Staatenverband anzuschließen. Schmidts Schwäche der Darstellung ist, daß er diejenigen Männer, für die eine Reichsein-
heit ohne Konstitution undenkbar war, ignoriert. Diese liberale
und demokratische Tendenz[1] in der Geschichte, deren Vertreter
massenweise schwersten Verfolgungen ausgesetzt waren, ist für
ihn kein Thema. Das ist insofern wieder typisch für Schmidt,
als es ihm auch in Stellungnahmen zur Politik - siehe das vor-
herige Kapitel - nicht gelingt, einmal den Hoffnungsträger einer
demokratischen Entwicklung und demokratischen Garantie ausfindig

---

(1) Auch Varnhagen zählt zu dieser Richtung; Schmidts Urteil
über Varnhagen zeugt von schlichter Unkenntnis.

zu machen. Schmidt geht es aber schließlich um die Korrektur eines Geschichtsbildes aus "christlich-konservativer" Sicht, um die Kritik an einem alles andere unterordnenden Nationalismus, der schon im 19. Jahrhundert tollste teutomane, franzosenfressende und auch antisemtische Früchte hervorgebracht hat und auf den sich heute noch Politiker und Historiker stolz berufen – trotz all der schlechten Erfahrungen, die man bisher in dieser Hinsicht machen mußte.

So wird der Blick in die Geschichte warnend genutzt zur eigenen Positionsbestimmung in der Gegenwart. In fast allen geschichtsorientierten Zeitungsarbeiten Schmidts lassen sich dergestalt aktuelle Bezüge ausmachen: Wenn Schmidt die anfangs erwähnte Kooperation europäischer Gelehrter im Jahre 1769 schildert, dann macht er deutlich, daß Wissenschaftler die friedliche Einigung Europas schon praktizierten, als 'die Politiker' sie noch nicht forderten.[1] Oder das 'Griechische Feuer', dieser höchst gefährliche Kampfstoff:

> Solange das Abendland die neue Waffe allein besaß, hatte man sich nur spöttisch die Hände gerieben – jetzt beschrieb man sie als "unmenschlich" und "baares Höllenwerk"; jetzt, wo "die Anderen" sie auch hatten! (2)

Wer denkt da nicht an die mitunter hysterischen Reaktionen des Westens, als der Osten "sie auch hatte" – die Atombombe. Schmidts Beitrag "Ein neuer Kriegshafen: Altenbruch" erinnert nicht nur an ein Projekt aus dem Jahre 1810, sondern warnt gleichzeitig vor neuen Aufrüstungsplänen.[3] Gefahr geht auch aus von jenen Militärs, die als ewige "Ostlandreiter" seit dem Deutschen Ritterorden unermüdlich gen Osten drängen: "ihre Nachkommen leben und wirken mitten unter uns."[4]

In diesem Sinne könnte man Schmidts Beiträge zur Geschichte als eine Unterabteilung seiner 'politischen' Zeitungsartikel be-

---

(1) "Es ist lange her, und die Anregung zur Einigung kam von niemandem weniger als von den Politikern [..] ." Arno Schmidt: Das schönere Europa. FULDAER VOLKSZEITUNG, 01.06.1957
(2) Arno Schmidt: Griechisches Feuer. DIE ANDERE ZEITUNG, 02.09. 1959
(3) Vgl. auch S. 55 dieser Arbeit, Schmidts Brief an Delling! Ein "rein historisches Thema" – aber mit antimilitaristischer Tendenz!
(4) Arno Schmidt: Flüchtlinge, o Flüchtlinge. DIE ANDERE ZEITUNG, 20.03.1958

trachten. Sein Umgang mit der Geschichte ist kein selbstgenüg-
sames Abhaken abgestandenen Faktenbreis; sondern er warnt vor
einer Wiederholung böser Erfahrungen und kritisiert das unge-
brochen national-konservative Geschichtsbewußtsein, wie es
der restaurative Zeitgeist der fünfziger Jahre verbreitete
und für die Legitimation seiner Herrschaft brauchte.

4. Schluß

Ich fasse zum Schluß noch einmal ganz kurz zusammen:
Schmidts Arbeit für Zeitungen begann erst im Sommer 1954,
fünf Jahre nach Erscheinen seines ersten Buches. Bis dahin
hatte er diese Möglichkeit, Geld zu verdienen, ausgeschlossen.
Der Auslöser für Schmidts Zeitungsarbeit war seine soziale
Not, die sich durch den Bruch mit Rowohlt noch vergrößert
hatte. Anreger und Berater dieser Arbeit war Ernst Kreuder,
der Schmidt empfahl, 'Lückenbüßer' für Zeitungen zu schreiben.
Zwischen 1954 und 1956 verfaßte Schmidt fast ausschließlich
"süße Nichtigkeiten" und "Menageriebilder", kurze, anspruchslose und schnell fabrizierte Zeitungsartikel. Schmidts Beiträge wurden reserviert aufgenommen, teilweise stießen sie sogar auf erhebliche Ablehnung. 1957 begann sich Schmidts Zeitungsarbeit zu wandeln: Hatte er bisher seine Artikel nur
unter dem Aspekt des Geldverdienens gesehen, so nutzte er sie
nach und nach gezielt zu Angriffen auf Produkte und Institu-
tionen des Kulturlebens. Im August 1957 veröffentlichte Schmidt
seinen ersten Zeitungsbeitrag über Karl May, der eine lange
Auseinandersetzung mit dem Karl-May-Verlag und Schmidts hart-
näckiges Eintreten für May als bedeutenden "Großmystiker" ein-
leitete. Und im Oktober 1957 erschien seine erste Rezension,
die sich der Goyertschen Übersetzung von James Joyces "Ulysses"
widmete. Schmidt stellte nun ganz andere Ansprüche an seine
Zeitungsartikel: Je schärfer seine Thesen formuliert wurden,
umso differenzierter, ausgefeilter und wirkungsvoller mußte
seine Beweisführung werden. Schließlich wollte Schmidt den
Zeitungsleser nicht (nur) unterhalten, sondern überzeugen!
Ab 1960 bahnte sich die letzte Entwicklungsstufe seiner Zei-

tungsarbeit an; inzwischen war aus dem einstigen Bittsteller
ein gefragter Feuilletonist geworden, der seinen Gedanken und
seiner Schreiblust freien Lauf lassen konnte. Ein unverwechsel-
barer Stil, ein hohes sprachliches Niveau, eigenwillige Orthographie und Interpunktion, soweit sie die 'Zensurschere' des
redigierenden Redakteurs überstanden, prägen diese umfangreichen
und gut bezahlten Zeitungsartikel, die sich immer mehr dem
Schriftbild seiner 'eigentlichen Prosa' annäherten.

Diese qualitative Steigerung der Zeitungsartikel darf uns
aber nicht darüber hinwegtäuschen, daß Schmidt seine Beiträge
weiterhin als "Brotarbeiten" verstand, auch wenn die Vielzahl
seiner feuilletonistischen Arbeiten das etwas abwertende
Etikett nicht verdient. Journalismus war ihm zuwider, Zeitungsarbeit betrachtete er - trotz seiner humorvoll und witzig ge-
schriebenen Artikel - als lästige Pflicht des Broterwerbs. Peter
Härtling[1] bescheinigt Schmidt, immer "korrekt" und "pünktlich"
gewesen zu sein; doch Hans Bender - wie Härtling einst Mitarbeiter der DEUTSCHEN ZEITUNG - erinnert sich auch daran:

> Er war, um es kurz und bündig zu sagen, kein freundlicher
> Kollege. Er hat sich nie bedankt. Er meinte, Redakteure
> und Herausgeber hätten ihm zu dienen. Da hatten andere
> Autoren, auch berühmte, mehr Menschlichkeit. (2)

Sobald es Schmidts soziale Situation zuließ, zog er sich
von der Feuilletonarbeit zurück und widmete sich nur noch seinem
'eigentlichen Werk' und der inzwischen viel besser bezahlten
Brotarbeit des Übersetzens. In seinen letzten acht Lebensjahren
schrieb er keinen Zeitungsartikel mehr.

Warum in dieser Zeit nicht ein längst überfälliger Sammelband mit Schmidts Zeitungsartikeln erschien, ist mir einigermaßen unverständlich. Nicht nur Beiträge aus den fünfziger

---

(1) Briefliche Mitteilung Peter Härtlings an mich vom 5.9.1985
(2) Briefliche Mitteilung Hans Benders an mich vom 13.03.1986

Jahren - etwa "das Musterkönigreich", "Der Schriftsteller und
die Politik", "Legende vom braven Mann", "Der Dichter und die
Mathematik" -, sondern gerade   die großen Artikel aus den
sechziger Jahren wie "Unsterblichkeit für Amateure", "Meine
Bibliothek", "Der Autor und sein Material", "Literaturgeschichte
im Werden", "Magnus nascitur ordo", "Wer schützt die Autoren
vor ihren Erben", "Schwierigkeiten beim Schreiben der Wahrheit" hätten Mitte der siebziger Jahre einen neuen Sammelband
füllen können; alle Rezensionen hätten hier hineingehört, alle
Arbeiten zu Joyce; angesichts des verfügbaren Materials hätte
man auch kleine Sondersammlungen veranstalten können, beispielsweise Zeitungsartikel zur Politik und Geschichte, Rezensionen,
Beiträge über Joyce usw. Zehn Jahre nach der ersten Sammlung
von Schmidts Zeitungsartikeln hätten dieser Band oder diese
Bändchen das Bild des Feuilletonisten Schmidt vortrefflich ab-
gerundet, seinen Lesern erbauliche und vergnügliche Lesestunden
garantiert und auch Schmidts Geldsäckel gefüllt - er konnte das
Geld bis zur mäcenatischen Unterstützung Reemtsmas wohl ge-
brauchen. Damit maße ich mir kein Urteil über die Verlagspolitik
oder die Zusammenarbeit zwischen Schmidt und seinem Lektor
Ernst Krawehl an - auf die Pläne des Verlages komme ich gleich
zu sprechen - , sondern möchte meiner Bewertung der Zeitungsartikel
Schmidts nachhaltigen Ausdruck verleihen. Denn erstens ist es
nicht so, daß alles, was man in Schmidts Zeitungsartikeln findet,
auch in seinem 'eigentlichen Werk' steht. Nur ein Beispiel:
Schmidt, der sich gern hinter dem Begriff "Grundsatzerklärung"
verschanzt, skizziert in seiner Rezension von Kreuders Roman
"Agimos" sein Verhältnis zu Kreuder sehr anschaulich. Nirgendwo
sonst in seinem Werk stoßen wir auf eine dementsprechende Auseinandersetzung mit Kreuder. Der Beitrag ist also a) von hohem
biographischen Wert und b) eine prononcierte Beschreibung des-
jenigen Dichtertypen, den Schmidt später als "Dichterpriester"
bezeichnete. Zweitens sind Schmidts offen ausgesprochene "Grund-

satzerklärungen" immer wichtig, wenn man aus dem fiktionalen
Gewebe seiner Romane die Meinungen und Ansichten Schmidts
herausschälen will. Den Zeitungsbeiträgen kommt also auch
eine Art 'Kontrollfunktion' zu. Drittens haben die Artikel
einen ganz anderen Gebrauchswert als Schmidts umfangreiche
Romane; sie eignen sich in ihrer Verbindung von Belehrung und
Amüsement vortrefflich zur 'Kurzlektüre'.[1]

Wie aber stand Schmidt selbst zu seinen "Brotarbeiten"?
Sollte die scharfe Abfertigung von Brotarbeiten, von der ich
anfangs (Kapitel 1.2) sprach, auch für seine Zeitungsartikel
gelten?

Im Bargfelder Nachlaß haben sich längst nicht alle Belegexemplare von Schmidts Zeitungsbeiträgen vorgefunden. Auch
eine Übersicht, welcher Zeitungsartikel wann in welcher Zeitung gedruckt wurde, gibt es nicht. Darüber haben Schmidts
kein Buch geführt. Bedeutet das etwa, Schmidt habe bewußt keinen
Wert auf diesen Zweig seiner Brotarbeiten gelegt? Hielt er,
der doch korrekte und komplette   Bibliographien sehr zu
schätzen wußte, seine feuilletonistische Tätigkeit für so
drittrangig, daß er sie nach Möglichkeit gar nicht vollständig
überliefert sehen wollte? Manche Äußerung über "süße Nichtigkeiten" ließe diesen Schluß zu. Doch schon frühzeitig unter-
schied Schmidt zwischen "wichtigeren Essays" und "reinen Brotarbeiten."[2] Und in Briefen an Zeitungen findet sich oft folgende Formulierung:

> 1 Bitte noch: könnten wir es grundsätzlich so halten, daß
> Sie mir von solchen wichtigen Stücken immer 3 (drei) Be-
> legexemplare schickten? (Von süßen Nichtigkeiten genügt
> natürlich eines.) (3)

---

(1) Ihre Präsentation in kleinen handlichen Bänden wäre daher
    angebracht gewesen.
(2) Siehe Brief Schmidts an Steinberg vom 23.01.1956. BST,
    S. 24
(3) Brief Schmidts an Gottschalk (DIE ANDERE ZEITUNG) vom
    06.11.1959. Besitzer: Arno-Schmidt-Stiftung, Bargfeld.

Belegexemplare verwendete Schmidt als Beilagen für Leserpost[1],
die er oft nur kurz beantworten konnte.

Die 'wichtigen' Zeitungsartikel waren Schmidt selbstverständlich mehr als "reine Brotarbeit". Das zeigt denn auch
die 1966 erschienene, erste umfangreiche Sammlung von Zeitungsartikeln "Trommler beim Zaren". Dieser Sammelband sollte,
so äußerte sich Schmidt gegenüber Ernst Krawehl, einen "Quer-
schnitt durch meine kleinen Arbeiten für Zeitungen" liefern,

---

(1) Diese Belegexemplare sind natürlich von besonderem Reiz,
wenn sie kleine handschriftliche Korrekturen von Schmidt
aufweisen. Als bescheidenes Beispiel bringe ich hier zwei
Ausschnitte des am 08.07.1959 in der ANDEREN ZEITUNG erschienenen Beitrags "Winnetous Erben (I)"; das Original
befindet sich im Besitz der Arno-Schmidt-Stiftung, Bargfeld.

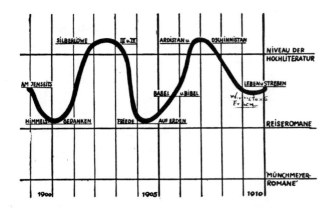

3. Nunmehr aber folgt die wichtigste
der 6 Abteilungen: es ist die editio
princeps; das Fundament aller Beschäftigung mit Karl May; die „Freiburger
Ausgabe" der Jahre 1806—1912 des Verlages Fehsenfeld. Ihre 33 Bände (zu
denen noch die 8 nicht in die Reihe
aufgenommenen HIMMELSGEANKEN,
BABEL UND BIBEL, MEIN LEBEN
UND STREBEN treten) stellen den
Text dar, auf den Jeder zurückgreifen
muß, der May auch nur zitieren will.
Die Sache ist so wichtig, daß ich die
Kennzeichen jener alten Bände hier
einmal kurz zusammenfasse:

Im allgemeinen ist diese Reihe noch
leidlich brauchbar; obwohl es Bände
gibt, vor denen gewarnt werden muß;
denn gleich nach 1913 haben leider
schon die „Bearbeitungen" eingesetzt;
weshalb der Kenner ein Gefühl des
Unbehagens dabei nie ganz los wird.
(Ab Anfang der zwanziger Jahre wurde
dann auch noch, brav nach Duden, die
Rechtschreibung geändert). Mag sie also
zu einer ersten Kenntnisnahme noch
ausreichen, zur Forschung ist die Reihe
bereits weitgehend untauglich.

5. Die seit 1945 laufende Reihe, Band

"damit mal festgehalten wird, neben den größeren Werken, wie
vielfältig ich mich hier betätigt habe und wie ich sowas
machte".[1] Die Auswahl der Texte übernahm damals Ernst Krawehl -
mit Zustimmung Schmidts natürlich. Für ungeeignet befand
Krawehl Feuilletontexte wie "Griechisches Feuer" oder "Ein neuer
Kriegshafen: Altenbruch", die er zurückstellte, "ganz mit seinem
Einverständnis. Wobei es hieß, daß noch eine ganze Anzahl dieser
Stufe vorhanden seien, die er mir nicht gezeigt hätte und die
später mal für einen Band einer Werkausgabe [sic! W.R.] gut
seien."[2] Eine Werkausgabe, 1974 schon geplant, kam allerdings
nicht zustande. Noch während Schmidt an seinem Roman "Julia"
schrieb, sollte neben einer Ausgabe von Juvenilia und ungedruckten Funkessays ein Einzelband erscheinen, "mit der Gesamt-
menge der vorhandenen 'Kleinen Arbeiten' in toto (Trommler und
das nicht in den Trommler übernommene) oder, das blieb noch
offen, nur die nicht in den Trommler gelangten Arbeiten."[3]
Damit wäre zu diesem Zeitpunkt sogar den "süßen Nichtigkeiten"
und "Menageriebildern" Rechnung getragen worden, auf die man
im Sammelband "Trommler beim Zaren" noch ganz verzichtet hatte.

Aus all dem folgt, daß Schmidt seinen Brotarbeiten keineswegs mit jener kritischen Distanz gegenüberstand, derzufolge
die Zeitungsarbeiten möglicherweise nur in einer Auswahl,
keinesfalls aber in einer Werkausgabe erscheinen durften, um
das Werk möglichst 'rein' zu halten. Schmidt hielt seine Zeitungsartikel sehr wohl für überlieferungswürdig. Ernst Krawehl
erinnert sich,

> daß Schmidt mit mir durch die Jahre immer wieder über die
> kleinen Stücke gesprochen hat, die Sie Brotarbeiten nennen,
> was er selber zwar auch je nach Stimmung tat, doch als den
> Umständen angemessen entsprechende schriftstellerische
> Leistung wurden sie doch eingestuft - mit dem Unterton,
> daß der Schriftsteller das 'auch können müsse'. (4)

---

(1), (2), (3), (4) Briefliche Mitteilungen Ernst Krawehls an
       mich vom 13.03.1984

Sogar der Begriff "Miszellen" als Arbeitstitel für eine
Sammlung von Zeitungsartikeln erschien Schmidt "als zu gering
[...] für eine Anstrengung, der auch diese Texte ihre Entstehung
logischerweise verdankten."[1] Daß überhaupt nur ein Drittel
seines Werkes auch in Zukunft von Bestand sein würde, daß
Brot- und Jugendarbeiten in 'Gesammelten Werken' nichts zu
suchen hätten, davon war bei Schmidt selbst nie die Rede.

Heute - 1987 - ist der Nachlaß Schmidts gesichert, eine
Werkausgabe erscheint und in ein paar Jahren wird sich jeder
interessierte Leser selbst ein Bild von Schmidts Zeitungsartikeln machen können. Ich hoffe, meine Arbeit hat das Interesse an seinen feuilletonistischen Beiträgen und das rechte
Verständnis für seine Brotarbeiten geweckt; denn auch das war
längst überfällig: Schmidt einmal zur "Miß=Celle" gekürt zu
haben - selbst wenn er diese 'zweifelhafte Ehre' zu Lebzeiten
weit von sich gewiesen hat.

---

(1) Briefliche Mitteilung Ernst Krawehls an mich vom 13.3.1984

5. Literaturverzeichnis

     Die meisten Werke Schmidts zitiere ich nach den Erstausgaben, bzw. den Reprints, da von der Bargfelder Ausgabe erst ein Band erschienen ist. 5.3 führt nur die Texte Schmidts an, aus denen ich zitiert habe. 'Benutzt' habe ich alle Zeitungsartikel Schmidts!

5.1 Buchveröffentlichungen Schmidts:

Leviathan. Frankfurt a.M., 1985. (Reprint der von Arno Schmidt autorisierten Erstausg. von 1949.)

Brand's Haide. 2 Erzählungen. Frankfurt a.M., 1985. (Reprint der von Arno Schmidt autorisierten Erstausg. von 1951.)

Das steinerne Herz. Historischer Roman aus dem Jahre 1954. Frankfurt a.M., 1985. (Reprint der von Arno Schmidt autorisierten Erstausg. von 1956.)

DYA NA SORE. Gespräche in einer Bibliothek. Frankfurt a.M., 1985. (Reprint der von Arno Schmidt autorisierten Erstausg. von 1958.)

Fouqué und einige seiner Zeitgenossen. Biographischer Versuch. Frankfurt a.M., 1975. (Unveränderter Nachdr. der 2., verb. u. beträchtlich verm. Ausg. Darmstadt 1960.)

Sitara und der Weg dorthin. Eine Studie über Wesen, Werk & Wirkung Karl May's. Frankfurt a.M., 1985. (Reprint der von Arno Schmidt autorisierten Erstausg. von 1963.)

Die Ritter vom Geist. Von vergessenen Kollegen. Frankfurt a.M., 1985. (Reprint der von Arno Schmidt autorisierten Erstausg. von 1965.)

Trommler beim Zaren. Frankfurt a.M., 1985. (Reprint der von Arno Schmidt autorisierten Erstausg. von 1966.)

Der Triton mit dem Sonnenschirm. Großbritannische Gemütsergetzungen. Frankfurt a.M., 1985. (Reprint der von Arno Schmidt autorisierten Erstausg. von 1969.)

Zettels Traum. O.O, o.J. (Raubdruck; um 1980.)

Abend mit Goldrand. Eine MärchenPosse. 55 Bilder aus der Ländlichkeit für Gönner der Verschreibkunst. Frankfurt a.M., 1981³.

...denn 'wallflower' heißt 'Goldlack'. 3 Dialoge. Zürich, 1984.

Deutsches Elend. 13 Erklärungen zur Lage der Nation. Hrsg. von Bernd Rauschenbach. Zürich, 1984.

5.2 Briefe Schmidts:

Briefe an Werner Steinberg. Mit einer einl. Rezension u. einem Nachw. von Werner Steinberg. Zürich, 1985. (Im Text abgekürzt mit BST.)

Der Briefwechsel mit Alfred Andersch. Mit einigen Briefen von u. an Gisela Andersch, Hans Magnus Enzensberger, Helmut Heißenbüttel u. Alice Schmidt. Hrsg. von Bernd Rauschenbach. Zürich, 1985. (Im Text abgekürzt mit BAN.)

(Undatierter) Brief an Herrn Kaspereit. NACHRICHTEN DER NIEDER-SÄCHSISCHEN VERMESSUNGS- UND KATASTERVERWALTUNG. 11. Jg., Nr. 4, Oktober 1961, S. 121

Brief an Rudolf Walter Leonhardt vom 04.04.1961. BARGFELDER BOTE, Lfg. 110-112, Januar 1987, S. 13f.

Brief an Dieter E. Zimmer vom 20.06.1962. BARGFELDER BOTE, Lfg. 115, Juni 1987, S. 18

Lebenszeichen im Arbeitsgehaste. Aus dem Briefwechsel Arno & Alice Schmidt mit Wilhelm Michels. FRANKFURTER RUNDSCHAU, 29.11.1986

5.3 Zeitungs- und Zeitschriftenveröffentlichungen Schmidts:

Nebenberuf: Dichter? WELT DER ARBEIT, 13.05.1955

Traumstädte der Prominenz. ABEND-ZEITUNG, München, 16.05.1964

Des Dichters Brotarbeit. HANNOVERSCHE PRESSE, 23.02.1956

Der Autor und sein Material. DEUTSCHE ZEITUNG, 15./16.12.1962

Der Fall Ascher. DEUTSCHE ZEITUNG, 22.02.1964

Bedeutend ; aber... DIE ANDERE ZEITUNG, 5. Oktober Ausg. (28. 10.) 1959

Das schönere Europa. FULDAER VOLKSZEITUNG, 01.06.1957

Das größere Europa der Gelehrten. WESER-KURIER, Bremen, 15.05. 1958

Der Letzte des "Hainbundes": Samuel Christian Pape. HANNOVER-SCHE PRESSE, 30./31.03.1957

Geschichte auf dem Rücken erzählt ... und zwar ziemlich hinter-
gründig. DARMSTÄDTER TAGBLATT, 02./03.11.1957

Auf dem Rücken erzählt. SÜDDEUTSCHE ZEITUNG, 12.05.1956

Ulysses in Deutschland. FRANKFURTER ALLGEMEINE ZEITUNG, 26.10.
1957

Gesegnete Majuskeln. HAMBURGER ANZEIGER, 16.08.1954

Dialekt in der Dichtung. FULDAER VOLKSZEITUNG, 07.03.1959

Meine Bibliothek. DIE ZEIT, 04.06.1965

Unsterblichkeit für Amateure. DIE ZEIT, 08.11.1963

Schlüsseltausch mit einer Sammlerin. FRANKFURTER ALLGEMEINE
ZEITUNG, 03.05.1957

"Ich war wie besessen..." Wenn Dichter in ihren Werken   blättern.
DIE WELT, 15.08.1955

Einige Traumkunstwerke. HANNOVERSCHE PRESSE, 16.04.1955

Große Herren - große Schnitzer. WESER-KURIER, Bremen, 11.03.
1958

Im Eifer des Gefechts. FRANKFURTER RUNDSCHAU, 25.06.1955

Nur Lumpe sind bescheiden. HAMBURGER ANZEIGER, 15./16.01.1955

Der große Unbekannte. RHEINISCHE POST, 05.05.1955

Finster war's, der Mond schien helle. HAMBURGER ANZEIGER,
02./03.10.1954

Finster war's, der Mond schien helle. HANNOVERSCHE PRESSE, 09.
07.1955

Leopold Schefer. DEUTSCHE ZEITUNG, 17./18.02.1962

Der arme Anton Reiser.   WELT DER ARBEIT, 01.04.1955

Vom neuen Großmystiker. FRANKFURTER ALLGEMEINE ZEITUNG, 10.08.
1957

Winnetous Erben (I u. II). DIE ANDERE ZEITUNG, 08.07. u. 15.
07.1959

Reden wir ruhig einmal von Karl May. DIE ZEIT, 11.09.1959

Gesammelte Werke in 70 Bänden. FRANKFURTER ALLGEMEINE ZEITUNG,
25.03.1961

Wer schützt die Autoren vor ihren Erben? SÜDDEUTSCHE ZEITUNG,
08.08.1961

Ein Toast für Nummer 104. DIE WELT, 15.05.1965

Sächsischer Janus. DEUTSCHE ZEITUNG, 24./25.03.1962

Der Dichter und die Kritik. NEUE-RUHR-ZEITUNG, Essen, 15.03.
1958

Große Klage über deutsche Nachschlagewerke ... und halbes Lob
für ein Speziallexikon aus Leipzig. DIE WELT, 25.09.1965

Der Kritiker erwidert. FRANKFURTER ALLGEMEINE ZEITUNG, 06.12.
1957

Ein vir quadratus. DER SPIEGEL, Nr. 23, 03.06.1964

Niemandes Betulichkeit. KONKRET, Nr. 8, August 1962

Zur Notausgabe das Notregister. SÜDDEUTSCHE ZEITUNG, 19.03.1969

Seifenblasen und nordisches Gemähre. DIE ZEIT, 25.01.1963

Die aussterbende Erzählung. Zu Fritz Lockemanns "Gestalt und
Wandlungen der deutschen Novelle." DIE ANDERE ZEITUNG, 03.04.1958

Hände weg vom Lexikon. FULDAER VOLKSZEITUNG, 07.03.1958

Literaturgeschichte im Werden. KONKRET, Nr. 5, Mai 1963

Magnus nascitur ordo. FRANKFURTER RUNDSCHAU, 14.06.1969

Der Schriftsteller und die Politik. DIE ANDERE ZEITUNG, 07.02.
1957

Die Wüste Deutschland. DIE ANDERE ZEITUNG, 29.01.1959

Schwierigkeiten beim Schreiben der Wahrheit. DIE ZEIT, 19.07.
1963

Wüstenkönig ist der Löwe. DIE ZEIT, 13.01.1961

Das Land, aus dem man flüchtet. DIE ANDERE ZEITUNG, 24.10.1957

Was ist Wahrheit? FULDAER VOLKSZEITUNG, 15.08.1959

Das Buch Mormon. DEUTSCHE ZEITUNG, 03./04.08.1963

Germinal - Vom großen Kalender. DIE ANDERE ZEITUNG, 05.03.1959

Das Musterkönigreich. FRANKFURTER RUNDSCHAU, 05.10.1957

Legende vom braven Mann. Notwendige Berichtigung, zugleich
eine nachdenkliche Probe verschiedenartiger Geschichtsauffassung. DIE ANDERE ZEITUNG, 16.04.1959

Griechisches Feuer. DIE ANDERE ZEITUNG, 02.09.1959

Flüchtlinge, o Flüchtlinge! DIE ANDERE ZEITUNG, 20.03.1958

5.4 Sonstige Veröffentlichungen Schmidts

Vorläufiges zu Zettels Traum. Frankfurt a.M., 1977.

Dankadresse zum GoethePreis 1973. Der Rabe, Nr 12, Zürich, 1985
S. 27-32

Antworten auf Fragen der 'Zeit'. Der Rabe, Nr 5, Zürich, 1984
S. 211-214

Aus der 'Akte Bargfeld'. Der Rabe, Nr 12, Zürich, 1985,
S. 77 - 82

Die moderne Literatur und das deutsche Publikum. In: Sind
wir noch das Land der Dichter und Denker? 14 Antworten. Hrsg.
von Gert Kalow. Reinbek b. Hamburg, 1964, S. 96 - 106

Zwischenwort zur POE=Frage. Der Rabe, Nr 1, Zürich, 1982,
S. 24 - 34

Berechnungen III. Neue Rundschau, 91. Jg., Heft 1, 1980,
S. 6 - 20.

Auf dem Rücken erzählt. Der Rabe, Nr 7, Zürich, 1984, S. 143 -
146

Ulysses in Deutschland. Der Rabe, Nr 2, Zürich, 1983, S. 206 -
214

5.5 Literatur über Arno Schmidt:

Hans-Michael Bock. Bibliografie Arno Schmidt 1949 - 1978. 2.,
verb. u. erg. Ausg. (Korrigierter Neudr. der 2. Aufl.) München,
1980.

Michael Matthias Schardt. Bibliographie Arno Schmidt. 1979 -
(7) 1985. Mit Erg. u. Verb. zur Arno-Schmidt-Bibliographie
1949 - 1978. Aachen, 1985.

Über Arno Schmidt. Rezensionen vom "Leviathan" bis zur "Julia"
Hrsg. von Hans-Michael Bock. Zürich, 1984.

"Wu hi?" Arno Schmidt in Görlitz, Lauban, Greiffenberg. Hrsg.
von Jan Philipp Reemtsma u. Bernd Rauschenbach. Zürich, 1986.

Wolfgang Koeppen: Gedanken und Gedenken. In: Arno Schmidt Preis
1984 für Wolfgang Koeppen. Bargfeld, 1984, S. 17 - 22

Brigitte Hackh: Gespräch mit Max Bense und Elisabeth Walther.
BARGFELDER BOTE, Lfg. 89-90, April 1985, S. 3 - 11

(Jörg Drews:) Gespräch mit Wilhelm Michels. BARGFELDER BOTE,
Lfg. 83 - 84, Oktober 1984, S. 5 - 18

Klaus T. Hofmann: LESEN HEISST BORGEN. Weitere Spurensicherung
im Fall "Meisterdieb". BARGFELDER BOTE, Lfg. 67-68, S. 19 - 23

Ernst Rowohlt: Notruf eines Verlegers. WELT AM SONNTAG, 27.11.
1949

A.P.E.: Arno Schmidt. WELT AM SONNTAG, 12.11.1950

(Anonym:) Mensch nach der Katastrophe. DER SPIEGEL, Nr 6, 06.
02.1952

Georg Goyert: Noch einmal: Ulysses in Deutschland. FRANKFURTER
ALLGEMEINE ZEITUNG, 06.12.1957

(Anonym:) Arno Schmidt. DER SPIEGEL, Nr 20, 13.05.1959, S. 44 - 60

W.Gs.: Angst vor wilden Tieren. DEUTSCHE ZEITUNG, 14.01.1961

Emil Franzel: ... optiert für Ulbricht. Arno Schmidt und die
Wahrheit. DEUTSCHE TAGESPOST, 09./10.08.1963

Rainer Hagen: Interview mit Arno Schmidt (aufgenommen am 16.01.
1964) NDR 3, 04.02.1986

Alexander Mitscherlich. Freud-Kenner. DER SPIEGEL, Nr 26, 23.06.
1969

Gunar Ortlepp: APROPOS: AH!; PRO=POE. DER SPIEGEL, Nr 17, 20.
04.1970

5.6 Sonstige Literatur

Julius Eduard Hitzig. E.T.A. Hoffmanns Leben und Nachlaß. Mit
Anm. zum Text u. einem Nachw. von Wolfgang Held. Frankfurt a.M.,
1986.

Urban Roedl (d.i. Bruno Adler.) Matthias Claudius. Sein Weg u.
seine Welt. Berlin, 1934. (2. Aufl.: Hamburg, 1950.)

F.E. Petri. Handbuch der Fremdwörter in der deutschen Schrift-
und Umgangssprache. 13. Aufl., neu bearb. u. vielfach verm. von
E. Samosti. 2., unveränd. Abdr. Gera, 1888.

Goethes sämtliche Werke. Jubiläums-Ausg. in 40 Bänden (u.
Registerbd.) In Verbindung mit Konrad Burdach (u.a.) hrsg. von
Eduard von der Hellen. Bd 1 - (41). Stuttgart u. Berlin, 1902-12.

Geflügelte Worte. Der Citatenschatz des Deutschen Volks. Von
Georg Büchmann. 11., umgearb. u. verm. Aufl., Berlin, 1879.

Vaterland, Muttersprache. Deutsche Schriftsteller und ihr Staat
von 1945 bis heute. Ein Nachlesebuch für die Oberstufe. Zsgest.
von Klaus Wagenbach, Winfried Stephan und Michael Krüger. Mit
einem Vorw. von Peter Rühmkorf. Berlin, 1979.

Studentenbewegung 1967 - 69. Protokolle u. Materialien hrsg. u.
eingeleitet von Frank Wolff und Eberhard Windaus. Frankfurt a.M.,
1977[2].

Ergänzung zu 5.5

Bert Blumenthal: brotarbeiten eines buchfeinschmeckers. eine
übersicht und analyse von arno schmidts zeitungsartikeln. In:
Jörg Drews. Hans-Michael Bock: Der Solipsist in der Heide.
Materialien zum Werk Arno Schmidts. München, 1974, S. 111-119

6. Nachtrag (1988)

Diese Arbeit wurde in der ersten Jahreshälfte 1987 geschrieben und lag im Juli 1987 fertig vor. Daher konnten
einige wichtige Publikationen nicht mehr berücksichtigt
werden. Das ist besonders bedauerlich im Fall des Brief-
wechsels zwischen Arno Schmidt und Wilhelm Michels[1], der
neben interessanten biographischen Details auch für das
Thema Zeitungsarbeit einiges zu bieten hat. Ich habe mich
daher entschlossen, nachträglich ein paar Zitate aus dem
Briefwechsel wiederzugeben, die sich auf Schmidts feuilletonistische Arbeit beziehen und die den Text meiner Arbeit
ergänzen oder korrigieren. Die links stehenden Seiten- und
Zeilenangaben beziehen sich auf die vorliegende Arbeit.

S. 45, Z. 29   Möglicherweise ist die Zahl 70 noch zu niedrig
angesetzt; denn schon am 18.8.55 schreibt
Schmidt an Michels, er habe schon 68 "süße
Nichtigkeiten" produziert; "sobald es 200
sind, mach' ich mal drei Tage Pause!" (BMI,
S. 26).

S. 46, Z. 24   In einem Briefentwurf Alice Schmidts aus dem
August 1955 wird gar diese Bilanz gezogen:

---

(1) Arno Schmidt. Der Briefwechsel mit Wilhelm Michels. Mit
einigen Briefen von u. an Elfriede Bokelmann, Erika Michels
u. Alice Schmidt. Hrsg. von Bernd Rauschenbach. Zürich,
1987. (Diese Ausgabe wird im Text mit BMI abgekürzt.)

" [...] wir [sind] seit dem etwa halben Jahr
unseres Zeitungsversands noch nie unter 140
Mark gekommen [...] !" (BMI, S. 31). Und am
24.8.55 Arno Schmidt an Wilhelm Michels:
" [...] auch für gewisse laufende Einnahmen ist
gesorgt: der Zeitungsartikelversand scheint
sich so einspielen zu wollen, daß ich für 150
DM im Monat garantieren zu können glaube. (Wenn
natürlich infolge des Prozesses viele ängst-
liche Zeitungen mir Absagen schicken sollten,
werden diese Einnahmen sich ein wenig reduzieren
- aber nicht allzuviel, da mich ohnehin ja schon
jetzt 90% nur ausgesprochene SPD=Blätter
bringen.)" (BMI, S. 29). Zu diesem letzten Punkt
s.a. S. 38, Z. 3 dieser Arbeit.

S. 56, letz-
ter Absatz

Allerdings griffen die Redakteure gern auf
ältere Arbeiten Schmidts zurück. Der ZEIT-Leser
Wilhelm Michels bemängelt in einem Brief an
Schmidt vom 16.11.60: "Du schickst ihm [R.W.
Leonhardt. W.R.] ja immer nur Ladenhüter, z.B.
das mit dem Mann auf der Bücherauktion ["Ich
bin erst sechzig", DIE ZEIT, 11.11.60. W.R.] ,
das habe ich doch schon längst mal gelesen. Es
ist rührend, daß er das abdruckt. Ob es aber
dir bei den Lesern der Zeit [...] nützt, ist
fraglich. Ich weiß, nach Brotarbeiten soll man
keinen Schriftsteller beurteilen, aber die
meisten Leute wissen das nicht, und dann wird es
ein sehr teures Brot." (BMI, S. 183). Michels
konnte freilich nicht ahnen, welche Beiträge
Leonhardt ablehnte; erst viel später, am 22.9.
61, klagt Schmidt über das Feuilleton der Zeit:
"Has'De gesehen, was die ZEIT so für Dreck

druckt?! Wirklich gute Sachen a la 'Faust'=Szenen
["Nebenmond und rosa Augen" W.R.] & FINNEGAN=
Studien sind dem etcetera zu 'anspruchsvoll';
aber für die 'Struwwelpeter' [DIE ZEIT, 15.9.61
W.R.] zahlt Der 130 Mark !!!" (BMI, S. 213).

S. 85,
Z. 14ff.

Die enorme Wirkung des Beitrags belegt der Briefwechsel mit Michels gleich zweimal; Alice Schmidt
schreibt am 21.11.63 an Wilhelm Michels: "Und
die Zuschriften auf den ZEIT-Artikel hin nehmen
kein Ende!" (BMI, S. 271). Arno Schmidt am 19.12.
63 an Wilhelm Michels: "Auf jenen von Dir laut
verlachten ZEIT=Artikel hin haben sich mir nicht
nur stocktaube Gräfinnen als Amanuensis [...] angeboten, sondern ich erwäge bereits, nunmehr im
Besitze des nötigen Materials, ein Verzeichnis
sämtlicher emeritierter Volksschullehrer der DBR
zu veröffentlichen. Du hast jedenfalls eine rechte
Imperfektheit damit begangen, nicht zu erkennen,
daß es mir zum 1. Male gelungen war, das Deutsche
Volk mitten ins Herz zu treffen." (BMI, S. 272).

S. 105, Z. 6,
Z. 22f.

Schmidt war allerdings persönlich davon überzeugt,
daß der KMV biographisch interessantes Material
hatte beseitigen lassen; am 17.12.62 heißt es in
einem Brief an Michels: "Die Akten & Urkunden,
die Tagebücher & Briefe modern heute in Bamberg
wie einst in Radebeul; und sind inzwischen schon
haufenweise verbrannt worden!" (BMI, S. 259).

S. 108, Z.8f.

Schmidt an Michels 17.12.62: "In der alten DYA,
sowie in den diversen, sich mit KBN
befassenden Gazetten=Artikeln, konnte ja durfte
ich nicht deutlich werden: bei den 3 Besitzer=
Brüdern des KMV handelt es sich um mehrfache

Millionäre, und da ich sowieso all die Jahre
ständig am Rande von Prozessen entlang geschlit-
tert bin, wäre mich eine Attacke wie das vorliegende SITARA teuer zu stehen gekommen. GE-
SCHÄFTSSCHÄDIGUNG ist ein Argument, mit dem der
wirtschaftlich stärkere Teil unangenehm arbeiten
kann; der jedoch ab 1. Januar 63 mitsamt dem
Copyright entfällt! Ab nun kann man frei sprechen:
dies der Grund, daß SITARA erst itzt geschrieben
wurde & erscheint./ Meine Kenntnis der MAY'schen
Seelenlage geht natürlich viel weiter zurück. Ich
verweise nur auf die FAZ vom 25.3.61 ["Gesammelte
Werke in 70 Bänden" W.R.], wo es in der 'Mittel-
spalte' heißt: "im übrigen dürften sich bei den
vielen nackten Buben, die einem den Hintern förm-
lich entgegenrecken, einige Schwulitäten ergeben."
Und, wenn Du noch weiter zurückgegangen wärest,
hättest Du in der 'ANDEREN ZEITUNG' vom 8.7.1959
["Winnetous Erben (I)" W.R.] gefunden, daß Win-
netou dort ein "dicker Euryprokte" genannt wird -
dies aber heißt, Du entschuldigst, 'Weitarsch',
das griechische Fachwort für den, der in solchen
Verhältnissen 'die Dame' macht." (BMI, S. 255f.).

ULRIKE BANGERT

VERSANDBUCHHANDEL

HAMBURGER ALLEE 50 · D-6000 FRANKFURT 90

Spezialbuchhandlung

Ausgaben von und über

ARNO SCHMIDT

Karlheinz Deschner, Wolfgang Koeppen, Peter Rühmkorf, Hans Wollschläger,

Niklaus Meienberg, Eberhard Schlotter, Rolf Vollmann

Robert Gernhardt, Eckhard Henscheid, Chlodwig Poth, Hans Traxler,

Karl May,

Louis Ferdinand Celine, Paul Leautaud,

James Boswell, Lewis Carroll, James Joyce, Samuel Pepys,

Edgar Allan Poe

und andere.

Lieferbare Ausgaben des ZETTELKASTEN

ZETTELKASTEN 1
Aufsätze und Arbeiten zum Werk Arno Schmidts. Sammelband mit zwölf Beiträgen.
1984. 267 Seiten mit z.T. farb. Abbildungen.
ISBN 3-924147-01-9   DM 52,--

ZETTELKASTEN 3
Aufsätze und Arbeiten zum Werk Arno Schmidts. Sammelband mit elf Beiträgen.
1984. 266 Seiten mit Abbildungen. ISBN 3-924147-05-1   DM 52,--

ZETTELKASTEN 4
Aufsätze und Arbeiten zum Werk Arno Schmidts. Sammelband mit sechs Beiträgen.
Jahrbuch 1986 der Gesellschaft der Arno Schmidt-Leser. Herausgegeben von
Thomas Krömmelbein. 1986. 154 Seiten ISBN 3-924147-07-8   DM 32,--

ZETTELKASTEN 5
Aufsätze und Arbeiten zum Werk Arno Schmidts. Sammeldband mit acht Beiträgen.
Jahrbuch 1987 der Gesellschaft der Arno Schmidt-Leser. Herausgegeben von
Dietmar Noering. 1987. 263 Seiten. ISBN 3-924147-12-4   DM 55,--

ZETTELKASTEN 6
Aufsätze und Arbeiten zum Werk Arno Schmidts. Sammelband mit acht Beiträgen.
Jahrbuch 1988 der Gesellschaft der Arno Schmidt Leser. Herausgegeben von
Thomas Krömmelbein. 1988. 221 Seiten. ISBN 3-924147-22-1   DM 50,--